국가경쟁력

이론과 실제

조동성 · 문휘창 지음

한국경제신문

국가경쟁력은 왜 정확히 평가돼야 하는가

국가경쟁력이란 말이 남용되고 있다. 더욱이 사람들마다 이에 대한 개념과 평가방법이 달라 더욱 혼란스럽다. 국제적으로 이름 난 국가경쟁력 평가기관인 국제경영개발대학원(International Institute for Management Development : IMD), 세계경제포럼(World Economic Forum : WEF)도 국가경쟁력 순위가 큰 폭으로 뒤바뀐 서로 다른 결과를 발표해 정책 결정자들을 우왕좌왕하게 만들고 있다. 이 보고서들이 잘못된 것 같긴 한데 어디가 잘못됐는지 구체적으로 아는 사람은 별로 없다. 선진국 진입의 문턱에 선 우리나라는 국가경쟁력에 대한 개념을 올바르게 이해하는 것이 매우 중요하다. 개발도상국일 때와는 달리 새로운 패러다임을 정립해야 하기 때문이다.

　이 책은 국가경쟁력에 관한 이론과 실제를 모두 다룬다. 1부 이론편에서는 국가경쟁력에 관한 초창기 이론부터 중요한 이론을 모두 다루고 있다. 이 책의 주요 독자가 실무를 다루는 정책 결정자라는 전제 하에 가급적 쉽게 이론을 설명하고자 했다. 이 부분을 충분히 숙지해야 2부의 실제편을 빨리 이해할 수 있기 때문에 조금 지루하게 느껴지더라도 꼼꼼히 읽기 바란다. 정책 결정자가 핵심 이론에 대한 충분한 이해 없이 기발한 아이디어만 찾는 것은 매우 위험하다. 이론을 잘못 배우면 현실과 동떨어지지만 좋은 이론을 제대로 배우면 현실 세계를 쉽게 이해할 수 있다.

사례 1 : 누구를 믿어야 하는가

2005년 가을, 한국 경제는 혼란에 빠졌다. 국가경쟁력 분야에서 세계적인 권위를 지닌 IMD와 WEF는 2005년 한국의 국가경쟁력 순위를 전년보다 높게 평가한 반면, 경제협력개발기구(Organization for Economic Cooperation and Development : OECD)는 한국 경제의 회복이 늦어짐에 따라 성장잠재력 역시 떨어지고 있다며 경고했다. 특히 향후 경제 성장 가능성에 초점을 맞추고 있는 WEF와 OECD의 상반된 보고서가 1주일 간격으로 발표되어 혼란을 가중시켰다. 도대체 누구의 말을 믿어야 하는가?

사례 2 : 널뛰는 국가경쟁력

2004년 10월 15일 정부과천청사. 정례 브리핑을 하고 있는 이헌재 전 부총리 겸 재정경제부 장관의 얼굴에는 불만이 가득 찼다. 국가경쟁력 분야의 양대 권위 기관 중 하나인 WEF가 한국의 국가경쟁력을 계속 널뛰기시키고 있기 때문이다. WEF는 한국의 국가경쟁력을 2002년에는 25위, 2003년에는 18위, 2004년에는 29위로 평가했다. 그의 말처럼 과연 공신력 있는 기관에서 이런 결과를 발표할 수 있는지 의구심을 감출 수 없다. 2005년 역시 널뛰기에 대한 우려를 저버리지 않고, WEF는 한국의 국가경쟁력을 12단계나 올려 평가했다. 한국의 국가경쟁력은 계속 널뛰기를 해야 하는가?

사례 1과 2의 주제는 결국 혼란이다. 사례 1은 국가경쟁력의 본질, 즉 '국가경쟁력이란 무엇인가?'에 대한 혼란을 묘사하고 있다. 국가경쟁력에 대한 관심이 높아지면서 사회 전반에 걸쳐 국가경쟁력이라는 용어를 광범위하게 사용하고 있으나, 이에 대한 명확한 정의조차 찾기 힘든 상태에서 그 개념을 정확히 사용하기를 바라는 것은 어쩌면 무리일 수도 있다. 결국 국가경쟁력에 대한 정보는 넘쳐나고 있지만 누구의 말을 믿어야 할지 혼란스러운 상황이다.

사례 2에서는 국가경쟁력의 평가방법론, 즉 '국가경쟁력을 어떻게 측정할 것인가?'에 대한 혼란을 그리고 있다. 한 국가의 경쟁력이 1년의 기간 동안 11단계나 떨어졌다가 다시 12단계가 오르는 이른바 '널뛰기'를 할 수 없다는 것은 상식적으로도 쉽게 이해할 수 있는 일이다. 그럼에도 불구하고 한국의 국가경쟁력이 이처럼 오르락내리락하는 것은 국가경쟁력을 측정하는 방법론의 오류에서 그 원인을 찾을 수 있다. 정확한 측정 없는 평가는 무의미하기 때문에 널뛰는 측정 결과를 바탕으로 한 평가와 이에 대한 대응 전략 역시 의미가 없다.

이처럼 국가경쟁력에 대해 많은 논의를 진행해 왔고 그 중요성과 필요성에 대해서는 누구나 공감하고 있으나 아직 국가경쟁력의 본질과 이를 측정하는 방법에 대해 명쾌한 해답을 제시하는 자료를 찾아보기는 어렵다. 따라서 이 책에서는 국가경쟁력의 본질을 밝히고 이를 엄밀히 측정해 활용하는 방법을 제시함으로써 국가경쟁력의 본질에 대한 이해를 높이고 궁극적으로 국가경쟁력을 향상시키기 위한 방향을 제시하려 한다.

이 책에서는 서구의 전통적인 이론뿐 아니라 Porter의 다이아몬드 이론을 발전시켜 저자들이 1986년부터 20년째 연구해 온 '9-팩터(9-factor)' 모델, '더블 다이아몬드(double diamond)' 모델 등 새로운 이론을 제시하고, 이를 바탕으로 개발한 IPS 국가경쟁력 모델을 보여준다. 또 IPS 모델을 IMD, WEF 등 다른 기관에서 사용하는 국가경쟁력 모델과 비교해 봄으로써 국가경쟁력에 관한 다양한 시각을 이해하고 올바른 정책을 수립하는 데 도움을 주고자 한다. 나아가 국가경쟁력을 '측정-분석-시뮬레이션-실행'하는 종합적인 방법론도 함께 소개하므로 실무에서 활용할 수 있을 것이다. 이 책은 국가경쟁력의 '이론편'과 '실제편'으로 구성되어 있다.

1부 이론편에서는 국가경쟁력의 본질에 관한 지금까지의 이론적 논의를 고찰함으로써 국가경쟁력의 본질을 명확히 밝히는 데 초점을 두었다.

1장 '국가경쟁력에 관한 기존 연구'에서는 전통 경제학적 시각에서 국가경쟁력의 개념이 발전해 온 과정을 살펴봄으로써 국가경쟁력의 본질을 명확히 이해할 수 있도록 했다.

2장 'Porter의 다이아몬드 모델'에서는 현대 경영 전략을 이끌어 가고 있는 미국 하버드 대학 Michael Porter 교수가 국가경쟁력 분석 모델로 제시한 다이아몬드 모델을 소개함으로써 국가경쟁력의 본질을 포괄적으로 이해할 수 있는 초석을 마련한다.

3장 '다이아몬드 모델에 관한 논쟁'에서는 다이아몬드 모델에 대한 Porter 교수와 미국 인디애나 대학 Alan Rugman 교수 사이의 논쟁을 살펴보고, Rugman이 제시한 더블 다이아몬드 모델을 통해 국가경쟁력의 범위를 국내적인 차원뿐 아니라 국제적인 차원까지 확장해야 하는가에 대해 생각해 봄으로써 Porter의 다이아몬드 모델의 확장 가능성에 대해 살펴본다.

다이아몬드 모델의 확장을 본격적으로 다룬 4, 5, 6장에서는 다이아몬드 모델을 바탕으로 국가경쟁력의 범위와 원천을 확장시킨 모델들을 조망했다.

4장에서는 Rugman의 더블 다이아몬드 모델을 일반화시킴으로써 개별 국가의 국가경쟁력을 현실적으로 측정할 수 있도록 확장한 일반화된 더블 다이아몬드(generalized double diamond : GDD) 모델을 고찰하고, 5장에서는 국가경쟁력의 원천을 물적요소에서 바라보는 Porter의 다이아몬드 모델을 인적요소의 측면으로 확장한 '9-팩터' 모델을 살펴본다.

6장에서는 국가경쟁력을 포괄적으로 이해하려면 국가경쟁력의 범위와 원천에 대한 확장 모델을 하나로 통합시켜야 한다는 필요성을 충족시키기 위해 이중 더블 다이아몬드 모델(dual double diamond : DDD)을 제시하고 그 효용성을 검토한다.

2부 실제편에서는 이론편에서 논의된 국가경쟁력의 본질을 바탕으로 국가경쟁력을 엄밀하게 측정하고 이를 분석해 개별 국가의 경쟁 위치를 파악함으로써 향후 국가경쟁력을 향상시키는 전략을 수립하는 일련의 과정에 초점을 맞추었다.

7장 '기존 국가경쟁력 연구'에서는 국가경쟁력 분야에서 세계적인 권위를 갖춘 WEF와 IMD가 출판하는 보고서의 내용을 살펴보고 그 방법론을 비교 분석해 이들 보고서가 지니고 있는 문제점을 도출한다.

8장 '새로운 국가경쟁력 연구'에서는 이론편에서 살펴본 국가경쟁력 관련 이론들을 체계적으로 적용한 IPS 보고서(IPS Report)를 살펴보고 기존 보고서와 비교 분석해 그 효용성을 고찰한 후 '측정-분석-시뮬레이션-실행'의 과정을 통해 국가경쟁력과 관련된 제반 사항을 종합적으로 해결할 수 있는 방법론을 제시한다.

9, 10장에서는 8장에서 소개한 종합 방법론을 상술한다. 9장에서는 'IPS 국가경쟁력연구보고서(IPS National Competitiveness Research Report)'의 국가경쟁력 측정 모델과 개별 국가의 경쟁력을 실질적으로 분석하기 위한 국가 그룹에 대해 살펴본다. 10장에서는 국가경쟁력 측정 결과에 전략 시뮬레이션 기법을 적용해 개별 국가의 국가경쟁력 구조를 파악하고 최적의 국가경쟁력 발전 전략에 대해 논의한다.

마지막 11장에서는 국가경쟁력의 개념을 확대 적용해 경쟁력의 본질에 대해 논의한다.

이 책이 만들어지기까지 여러 사람의 도움을 받았다. 산업정책연

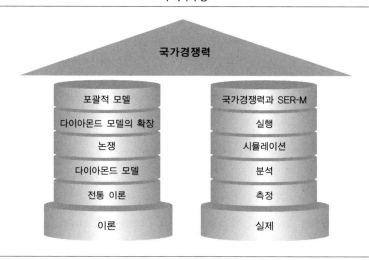

구원과 국제경쟁력연구원의 연구팀이 수년간 국가경쟁력 관련 자료를 수집했고, 서울대학교 대학원생이었던 이동훈, 예지영, 김이영이 원고 정리와 교정을 도와주었다. 최종적인 마무리는 국제경쟁력연구원의 김민영 연구원이 해주었다. 저자들의 연구 논문들을 정리, 번역하고 어떤 부분은 더욱 발전시키면서 새로운 자료들을 추가했다. 김민영 연구원에게 특별히 감사의 뜻을 전한다.

저자들이 국가경쟁력 연구를 해온 20년은 강산이 두 번 바뀌는 긴 세월이지만 하나의 연구가 완성되기에는 턱없이 짧은 기간이다. 더구나 우리가 국가경쟁력 연구를 시작하던 1980년대 중반은 한국이 싱가포르, 홍콩, 대만과 더불어 21세기 세계 경제를 주도할 것이라는 기대와 함께 큰 주목을 받은 시기였으나, 21세기 들어 6년이 지난 지금 싱가포르, 홍콩, 대만은 모두 1등에서 10등 사이를 한두 번 이상 차지한 경쟁력 강국인 데 비해, 한국은 20~30위권에 머물며 답보하고 있다. 이러한 결과는 한국이 국가경쟁력을 강화할 수 있는 전략을 좀더 능동적이고 적극적으로 제시하지 못한 우리들에게도 큰 책임이 있음을 통감한다.

앞으로 한국이 국가경쟁력 1위가 될 때까지, 그리고 그 후에도 계속 이 연구에 정진할 것을 약속하면서, 이 책의 출간을 계기로 국가경쟁력에 관한 체계적인 연구가 더욱 활발해지고 효과적인 국가 전략이 수립, 실천되기를 바란다.

2006년 6월

조동성 · 문휘창

1

이론편 : 국가경쟁력 모델과 이론적 발전 과정

국가경쟁력 모델과 이론적 발전 과정

BRICs의 국가경쟁력에 대한 기존 연구

BRICs라는 단어가 골드만 삭스(Goldman Sachs)의 2003년 보고서에서 처음 사용된 이후 브라질·러시아·인도·중국 등에 세계의 관심이 쏠리고 있다. 전세계 면적의 29%, 세계 인구의 43%에 달하는 거대한 시장과 풍부한 천연자원을 보유한 BRICs는 예전부터 주목을 받아오던 국가들이지만 골드만 삭스의 보고서로 인해 더욱 부각되었고, 특히 중국은 최근의 비약적인 발전과 함께 집중적인 관심과 투자의 대상이 되고 있다.

BRICs에 대한 관심은 경제 대국(the largest economies), 세계 경제의 주력(larger force in the world economy) 등 여러 가지 단어로 표현되고 있다. BRICs를 이르는 말들은 많지만 한마디로 요약하면 경쟁력이 있다는 뜻이며, 이는 결국 국가경쟁력의 영역에서 생각해 볼 수 있다. 그렇다면 과연 BRICs의 국가경쟁력은 정말 상승한 것인가?

이 질문에 대답하기 위해서는 우선 국가경쟁력을 정확히 측정해야 한다. 국가경쟁력을 정확히 측정하기 위해서는 국가경쟁력의 본질을 명확히 밝혀 적합한 측정 항목을 도출해내야 한다. Goldman Sachs(2003)는 인구, 생산성 등을 활용해 GDP, 1인당 국민소득 등을 산출했다. 이는 인구, 생산성 등이 독립변수로 국가경쟁력을 결정짓고 그 결과가 GDP, 1인당 국민소득 등의 종속변수로 표현된다는 것을 의미한다. 국가경쟁력이라는 게 이렇게 쉽게 측정될 수 있는 것인가?

　이 문제를 명확히 해결하기 위해서는 콜럼버스(Columbus)가 신대륙에 도착한 15세기로 거슬러 올라가 국가경쟁력의 본질을 밝히는 이론들의 뿌리부터 차근차근 살펴보아야 한다. 어려운 내용이지만 요약해서 쉽게 설명했기 때문에 독자들은 큰 어려움이 없이 이해할

BRICs에 대한 기존 분석 사례들

최신 인구 통계, 자본축적 모형, 생산성 성장 등을 통해 GDP, 1인당 국민소득, 통화 흐름 등을 산출한 결과 50년 후에는 BRICs가 세계 경제에서 큰 영향력을 행사할 것이다. … 현재 G6의 6%도 되지 않는 경제 규모를 갖춘 BRICs는 2025년이 되면 G6의 절반이 넘는 규모로 성장할 것이고 2050년이 되면 현재 G6 중 미국과 일본만 남게 될 것이다.
(골드만 삭스, 2003 : 2, 'Dreaming with BRICs : The Path to 2050')

중국, 브라질, 러시아, 인도 등 4개 국은 광대한 국토와 인구, 그리고 자원을 지닌 채 최근 빠르게 성장 중인 잠재적 경제 대국임을 무시할 수 없다.
(주동주, 2004 : 4, 'BRICs와의 경협, 지역 허브 구축을 통한 시장 다변화가 과제')

수 있을 것이다. 다만 기존의 경제학 책들과는 조금 다른 관점에서 논리를 풀어가고 있으므로 주의를 기울여 읽기 바란다.

국가경쟁력이란 무엇인가?

본문에서 구체적으로 다루겠지만 국가경쟁력에 대한 대표적인 정의들을 살펴보면 그 개념이 사뭇 난해하다. 여러 정의에서 생산성(productivity), 번영(prosperity), 상대적인 경쟁 위치(relative competitive position) 등의 단어가 눈에 들어오지만 추상적인 의미 때문에 그 본질과 핵심을 명확히 이해하기는 쉽지 않다.

국가경쟁력에 대한 연구가 본격적으로 시작된 것은 1980년대 이후이지만 그 이론적 배경에는 Adam Smith와 David Ricardo 등의 전통 경제학자부터 그 이후 여러 학자들의 중요한 개념들이 깔려 있다. 따라서 현대 국가경쟁력의 개념을 정확히 이해하고 이를 바탕으로 국가경쟁력을 향상시키기 위한 과정을 실행하기 위해서는 이러한 개념의 뿌리라 할 수 있는 기존 이론의 발전 과정을 반드시 고찰해야 한다. 한 국가의 총체적인 역량을 고려해야 하는 국가경쟁력이라는 주제를 단지 피상적으로 이해하려 한다면 사상누각(沙上樓閣)의 우를 범할 것임이 틀림없기 때문이다.

이에 전통 이론에서 바라본 국가경쟁력을 정리해 기본 개념을 파악하고 이러한 개념이 내포하고 있는 문제점을 논의함으로써 국가경쟁력에 대한 논의의 기초를 튼튼히 다지고자 한다.

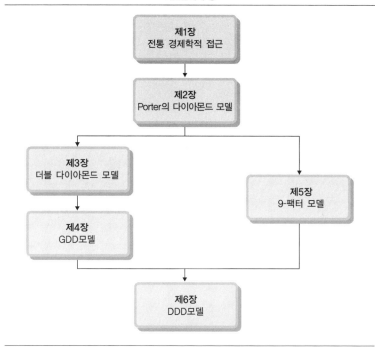

이론편의 구성

1장에서는 국가경쟁력이라는 분야의 초석을 쌓은 전통 경제학의 여러 이론과 그 발전 과정을 살펴봄으로써 이론적 논의의 기초를 다진다. 2장에서는 전통 경제학적 패러다임을 뒤바꾼 Porter의 다이아몬드 모델을 살펴본다. 3장에서는 다이아몬드 모델에 관한 논쟁을 통해 국가경쟁력의 범위를 국제적인 차원으로 확장시킨 더블 다이아몬드(double diamond) 모델을 살펴보고, Porter의 모델을 확장해야 하는 당위성에 대해 논의한다. 4장에서는 더블 다이아몬드 모델을 일반화시켜 현실적으로 활용할 수 있도록 한 '일반화된 더블 다이아몬드(generalized double diamond : GDD) 모델에 대해 생각해 본다. 5장에서는 국가경쟁력을 인적요소로 확대시킨 9-팩터 모델을 살펴보고, 이론편의 마지막인 6장에서는 Porter 다이아몬드 모델의 확장에 관한 논의를 종합해 국가경쟁력의 범위와 원천을 하나의 모델에서 확장시킨 이중 더블 다이아몬드(dual double diamond : DDD) 모델의 타당성에 대해 논의한다.

국가경쟁력에 관한 기존 연구 : 전통 경제학적 접근

【국가경쟁력에 대한 주요 정의】

국가경쟁력은 한 국가의 생산성 수준을 결정짓는 요소(factors), 정책(policies), 기관
(institutions)의 집합으로 이해할 수 있는데, 한 국가가 이루어낼 수 있는 경제적 번영의 수
준은 국가경쟁력에 의해 결정된다.
(WEF, 2005 : 3, 'The Global Competitiveness Report 2005-2006')

국가경쟁력은 자국 내 기업이 더 많은 부가가치를 창조하고 국민들이 더 나은 경제적
번영을 지속할 수 있는 환경을 조성·유지하는 국가의 능력으로 정의할 수 있다. 이는 경
제 이론의 한 분야로, 국가경쟁력에 대한 연구는 이러한 국가의 능력과 관련된 일련의 사
실(facts)과 정책(policies)에 대한 분석을 그 대상으로 한다.
(IMD, 2005 : 609, 'IMD World Competitiveness Yearbook 2005')

국가 차원에서 경쟁력에 대해 논의할 수 있는 유일한 개념은 생산성이다. 국가의 가
장 중요한 목적은 국민들에게 높은 생활 수준을 제공하고 이를 지속적으로 향상시키는 것
이다.
(Porter, 1990 : 6, 《The Competitive Advantage of Nations》)

국가경쟁력에서는 단지 생산성의 절대값이 아니라 국제 시장에서의 상대적 경쟁 위
치가 매우 중요하다. 따라서 국가경쟁력은 국제 시장에서 경쟁하는 유사한 경쟁력과 규모
를 지닌 국가들 사이에서 한 국가가 차지하는 상대적 경쟁 위치로 정의할 수 있다.
(IPS, 2005 : 69, 'IPS National Competitiveness Research 2005 Report')

국가경쟁력에 관한 **전통** 이론

1

중상주의

1492년 10월 12일, 3척의 범선이 카리브 해의 한 섬에 도착했다. 이 범선에서 신세계에 첫 발을 내딛는 이가 있었으니 바로 Columbus였다. 뒤를 이어 1501년에는 Amerigo Vespucci가 대륙의 본토를 발견했고 1519년에는 Magellan이 남아메리카 끝을 지나 필리핀에 이르러 인도로 가는 서쪽 항로를 열었다. 우리가 지리상의 발견이라 부르는 일련의 사건은 유럽인이 세계를 바라보는 관점을 바꾸어놓았고 유럽의 문명이 세계로 확장되는 계기가 됐다.

15세기 지리상의 발견은 경제 사상에도 영향을 미쳤다. 상인과 무역인들은 동서양의 상품을 교역하면 상당한 이윤을 얻을 수 있었기 때문에 동쪽으로 진출하고자 했고, 15세기 지리상의 발견에 힘입어 국제 무역은 중요한 위치를 차지하기에 이르렀다.

이 시기 유럽에서는 중상주의(mercantilism)라는 경제 사상이 풍미했다. 중상주의란 16세기 이후 2세기에 걸쳐 상공업을 중시하고 국가의 보호 아래 국산품 수출을 장려해 국부의 증대를 도모하려던 경제 사상이다. 중상주의자들은 부를 금, 은, 보물 등 교역의 매개체로 통용될 수 있는 것들이라 생각했기 때문에 국가는 충분한 양의 귀금속을 획득해야 했으며, 이를 위해 자국의 생산품을 최대한 많이 수출하고 다른 국가에서의 수입은 최소화해야 했다. 이는 수출을 초과하는 수입에 대해서는 그에 상응하는 금과 은을 지불해야 했기 때문이다. 따라서 정부의 수출 보조나 수입 금지는 타당한 정책으로 여겼다.

이 당시 관세 정책은 중요한 역할을 수행했다. 국가는 수출 관세를 낮추고 높은 수입 관세를 부과함으로써 중상주의적 목표를 달성할 수 있었다. 그러나 관세는 종종 수출과 직접적인 관계가 없는 부분에 부과됐을 뿐 아니라 수입품에 대한 높은 관세로 인해 밀수업이 번창하는 등 부작용을 초래했다.

절대우위

중상주의의 가장 큰 문제점은 한 국가의 무역 이익이 상대 국가의 무역 손실로 이어지는 제로섬 게임(zero-sum game)의 관점에서 무역을 바라보고 있다는 것이다. 이와 반대로 Adam Smith는 국가들이 자국의 절대우위(absolute advantage)를 바탕으로 특화를 통해 무역에 참여한다면 모든 국가가 이익을 얻을 수 있다는 포지티브섬 게임(positive-sum game)의 관점에서 무역을 바라보았다.

Smith는 중상주의의 보호주의적 원리를 비판하면서 자연 법칙에 따르는 자유무역을 주장했다. 그는 자연 법칙, 즉 보이지 않는 손의 기능을 믿었으며 개인주의와 자유무역을 지지했다. Smith는 개인이 스스로의 필요와 욕망에 대해 누구보다도 잘 알고 있기 때문에 개인의 이익을 달성하기 위한 노력은 궁극적으로 공공복지에도 기여할 것이라 생각했다. 그는 핀(pin) 공장의 사례에서 설명한 노동의 분업(division of labor)을 통해 이러한 자연법칙의 능력을 확신했는데, 정부의 규제보다 자연법칙이 훨씬 효과가 있다고 주장했다.[1]

Smith는 '노동의 분업' 개념을 '국제노동분업'으로 확장시켰다. 그는 국가들이 국제분업을 통해 특화를 실시한다면 생산량이 증대되고 이러한 특화, 협력, 교환을 통해 세계 경제가 발전할 것이라고 주장했다.

예를 들어, 프랑스에서는 양모를 생산하는 데 120의 비용이 소요되고 와인을 생산하는 데 90이 필요한데, 영국에서는 양모 생산에 100, 와인 생산에 110이 필요하다고 하자. 이때 프랑스는 와인에 대해 절대우위를 갖고, 영국은 양모에 대해 절대우위를 갖는다. 이 경우 프랑스는 와인만 생산하고 영국은 양모만 생산해 와인과 양모를 교환한다면 양국은 모두 이익을 보게 된다.

따라서 Smith에게 국제 무역은 포지티브섬 게임이다. 그러나 실제

---

[1] 핀 공장의 사례는 1장 끝 부분 참조.

표 1-1 Smith의 절대우위

국가	생산비용	
	양모	와인
프랑스	120	90
영국	100	110

현실에서는 이러한 자유무역을 제한하는 다양한 정부 규제가 산재해 있었다. Smith는 독점, 수출 보조, 수입 규제, 임금 규제 등 정부의 간섭이 경제 성장을 방해한다고 주장하면서 국가와 지역이 절대우위에 기초하여 특화해야 한다고 강조했다. 이렇게 Smith는 국가 자급자족 위주의 중상주의를 지양하고 국가가 가장 잘 할 수 있는 분야에 집중할 때 경제적으로 윤택해질 수 있다고 주장했다.

Smith가 제안한 경제 체계에서 경쟁은 중요한 역할을 한다. 개인 및 국가는 경쟁을 통해 그들에게 가장 부합하는 일을 하게 되고, 자신이 제공한 서비스에 대해 최고의 보수를 받을 수 있으며, 제품 생산에 최선을 다함으로써 역시 최고의 보수를 받을 수 있다. 그러므로 정부의 역할은 최소화되어야 하고 정부의 경제 정책은 독점 철폐 및 경쟁 유지에 초점을 맞추어야 한다.

독립선언과 국부론이 모두 1776년의 일이라는 것은 단순한 우연 이상의 의미를 지닌다. 전자는 정치적인 독립선언이었고 후자는 경제적인 독립선언이었다. 무역에 대한 Smith의 사상을 통해 부에 대한 추구가 정당화됐고 상인들의 지위가 사회적으로 확립됐다. 1776년, 미국은 정치적 자유를 얻었고 영국은 경제적 자유를 얻었다.

비교우위

Smith의 절대우위론은 특화와 국제분업의 개념을 통해 자유무역 발전에 큰 공헌을 했다. 그러나 무역에 참여하는 국가 가운데 한 국가가 모든 상품에 대해 절대우위를 갖고 있다면 어떻게 할 것인가? Smith는 이 질문에 대해 침묵할 수밖에 없었다. 즉 절대우위론의 관점에서 본다면 이러한 국가는 국제 무역을 통해 얻는 이익이 없다.

David Ricardo는 이러한 절대우위론의 맹점을 파악하고 비교우위론(comparative advantage)을 제시했다. 비교우위론이란 모든 상품에 대해 절대우위를 확보하고 있는 국가는 가장 큰 절대우위를 지닌 분야를 특화하고, 상대적으로 모든 상품에서 열위에 처한 국가는 자국 상품 중 절대열위가 가장 적은 분야(the least absolute disadvantage)에서 특화해야 한다는 이론이다. 특정 국가가 모든 영역에서 절대우위를 확보하고 있고 상대국이 어떠한 영역에서도 절대우위를 확보하고 있지 못하는 경우에도 양국은 무역을 통해 이익을 얻을 수 있다는 것이 이 이론의 핵심이다.

Ricardo가 제시한 영국과 포르투갈의 사례를 통해 비교우위론을 좀 더 구체적으로 살펴보자. 영국과 포르투갈은 모두 옷감과 와인을 생산한다. 포르투갈은 90명의 노동력으로 옷감을 생산하고 80명의 노동력으로 와인을 생산할 수 있는 반면, 영국은 동일한 양의 옷감과 와인을 각각 100명, 120명의 노동력으로 생산할 수 있다. 이 경우 포르투갈의 와인 생산비용은 영국의 3분의 2 수준이지만 옷감 생산비용은 영국의 10분의 9이기 때문에 포르투갈은 옷감을 생산하는 것보

표 1-2 Ricardo의 비교우위

국가	생산비용	
	옷감	와인
포르투갈	90	80
영국	100	120

다 와인을 생산하는 것이 더 효율적이고, 영국은 와인을 생산하는 것보다 옷감을 생산하는 것이 더 효율적이다.

이러한 관점에서 볼 때, 영국산 옷감과 포르투갈산 와인을 교역하는 것이 양국 모두에게 유리한데, 이는 양국이 최소한의 노동력으로 생산할 수 있는 분야에 집중함으로써 양국 모두 더 큰 비교우위를 갖게 되기 때문이다. 따라서 비교우위를 바탕으로 한 무역에서는 양국모두 개별 국가가 교역 없이 독립적으로 두 상품을 각각 생산했을 때보다 더 많은 양의 옷감과 와인을 얻을 수 있다.

Ricardo는 수입품을 국내에서 더 싼 값으로 생산할 수 있다고 하더라도 수입을 하는 것이 국가에 이득이 될 수 있다고 주장했는데, 이러한 관점에서 본다면 자유무역 체제에서는 최소의 생산비용을 지닌 국가가 해당 상품을 생산할 것이라는 Smith의 주장이 틀렸다는 것을 알 수 있다.

비교우위론은 무역 성립의 원인과 무역 참가국의 이익을 증대시키는 방안을 설명하는 데 유용한 도구가 됐으나 아직 해결하지 못한 두 가지 큰 문제점이 남아 있다.

첫째, 비교우위론에 따르면 모든 국가는 자신이 비교우위에 있는 부분에 대해 극단적인 특화를 해야 하지만 실제로 국가는 하나가 아닌 많은 상품을 생산하며 여기에는 수입경쟁상품(import-competing goods)도 포함된다. 다시 말해, 현실에서는 비교우위를 가지고 있는 상품만 생산하는 국가가 많지 않다. 이는 자원을 한 분야에서 다른 분야로 이동시킬 때 다른 영역에 개별 단위를 추가하는 것에 대한 기회비용이 증가한다는 수확체감의 법칙(diminishing returns to scale)을 통해 설명할 수 있다. 이러한 기회비용이 증가하는 이유는 생산요소의 품질이 다양하고 서로 다른 제품을 생산하는 데 필요한 적합성(suitability)의 정도가 다르기 때문이다. 따라서 국가는 특화에서 얻는 이득이 특화에 따르는 비용과 같아지는 지점까지 특화하게 된다. 이를 통해 국가가 생산을 완전히 특화하지 않는 이유도 설명할 수 있다.

둘째, 비교우위론은 국가 간 생산성의 상이성에 근거를 두고 무역을 설명하고 있으나 이러한 상이성이 존재하는 이유에 대해서는 명확하게 설명하지 못했다. 이 문제는 요소부존이론(the theory of factor endowment)을 통해 설명할 수 있다.

요소부존

Ricardo는 비교우위가 노동생산성의 차이에서 비롯된다고 설명했으나 국가별로 노동생산성의 차이가 존재하는 이유에 대해서는 만족할 만한 설명을 하지 못했다. 그러던 중, 20세기 초 두 명의 스웨덴 경제학자 Eli Filip Heckscher와 Bertil Ohlin이 국가들 간에 노동생산성이 다른 이유를 설명하는 새로운 국제 무역이론인 헥셔-오린(Heckscher-Ohlin : HO) 모델을 제시했다.

Heckscher와 Ohlin은 비교우위가 요소부존(factor endowment)의 차이에서 기인한다고 주장했다. HO 모델에 따르면, 특정 제품을 생산하는 데 필요한 요소를 상대적으로 더 많이 보유한 국가가 그 제품에 대해 비교우위를 갖고 결과적으로 이를 생산해 수출하게 된다. 즉 생산요소가 더 풍부할수록 가격이 낮아진다는 논리다. 따라서 여러 국가가 서로 다른 요소부존을 보유하고 있다는 사실을 통해 요소가격의 차이를 설명할 수 있고 이로 인해 비교우위가 발생하는 원인을 파악할 수 있다.

Ricardo는 비교우위론에서 노동을 유일한 생산요소로 가정했지만, HO 모델에서는 자본과 노동이라는 두 개의 생산요소를 설정했다. HO 모델에 따르면 동일한 기술을 지닌 국가도 생산 방법은 서로 다른데, 이는 국가마다 자본과 노동을 조합하는 방법이 다르기 때문이다. 즉 개별 국가는 그 국가 내 요소비용에 따라 서로 다른 생산 방법을 채택한다는 것이다. 따라서 국가별로 상이한 요소부존 또는 요소비용으로 생산 및 교역의 패턴을 설명할 수 있다.

HO 모델은 요소가격균등화이론(factor price equalization theorem), 스톨퍼-사뮤엘슨(Stolper-Samuelson) 정리, 리프친스키(Rybczynski) 정리 등 세 가지 중요한 정리로 발전했다.

Leontief의 역설

1973년에 노벨상을 수상한 Leontief(1953)는 HO 모델에 대해 실증적인 연구를 실시했다. Leontief는 세계에서 가장 자본이 풍부한 나라인 미국이 자본집약적인 제품을 수출하고 노동집약적인 제품을 수입할 것이라고 예상했으나, 연구 결과 미국의 수입경쟁상품은 미국의 수출품보다 노동자 1인당 약 30% 더 많은 자본을 투입하고 있다는 사실을 밝혀냈다. 이는 HO 모델이 예견한 바와 정반대인 것으로, 'Leontief의 역설(Leontief paradox)'로 알려지게 됐다.

그렇다면 어떻게 해야 Leontief의 역설과 HO 모델을 양립시킬 수 있을까? Leontief를 포함한 많은 경제학자들이 이를 해결하기 위해 노력해 왔다. 먼저 Leontief는 미국의 노동자들이 외국 노동자보다 생산성이 더 높다고 주장함으로써 이 문제를 해결하려 했으나, 미국 노동자의 우수성에 대한 그의 평가는 과장된 것이었으며 이는 Leontief 역설을 뒤집을 만큼 근거가 충분하지 않았다.

또한 Leontief는 무역에 관해 외국의 자료를 구할 수 없었기 때문에 실제 수입품을 분석하기보다는 미국 수입경쟁상품을 이용해 계산했다. 예를 들어 해외 섬유 산업의 자료를 계산하는 대신 수입품과 경쟁하는 미국 섬유 산업의 자료를 이용했는데, 멕시코에서는 섬유 산업이 노동집약적이지만 미국에서는 상대적으로 자본집약적인 산업이다. 이러한 문제점을 수정해 새로운 자료로 다시 계산해 봤지만 역시 Leontief 역설을 해결하지 못했다.

이렇듯 Leontief의 역설을 풀기 위해 여러 가지를 시도했으나 만족할 만한 결론을 얻지 못했다. 이에 HO 모델의 문제점을 보완하기 위해 새로운 이론들이 나타나기 시작했다. 그 중에서도 특히 제품수명주기론(Product Cycle), 국가유사성(Country Similarity)이론, 규모의 경제에 바탕을 둔 무역이론 등이 중요한데, 이러한 새로운 이론들은 국제 무역의 특수 사례를 설명하는 데 매우 유용하다.

제품수명주기론

Raymond Vernon(1966)은 제조업 제품이 도입기, 성장기, 성숙기, 그리고 쇠퇴기의 수명주기를 가지며 이로 인해 제품의 비교우위는 시간이 지남에 따라 한 국가에서 다른 국가로 이동한다고 주장했다. 제품수명주기론은 시장에 대한 위협이나 전망에 의해 혁신이 일어난다는 가정에서 출발한다. 다시 말해 국내시장에서의 필요나 기회가 기업을 자극하는 경향이 있다는 것이다. 결국 국내시장은 기업 혁신의 동기 제공과 제품을 생산하기에 적합한 지역을 제공하는 등 두 가지 역할을 담당한다.

제품수명주기론은 Leontief의 역설을 다음과 같이 설명한다. 새로운 제품에 대해 미국이 비교우위를 갖고 있다고 가정해 보자. 초기에는 보통 고정 자본에 투자하지 않기 때문에 이 신제품은 상당히 노동집약적인 방법으로 생산될 것이다. 이 단계에서는 생산자가 제품을 가장 효율적으로 생산하는 방법 및 이 신제품에 대한 시장의 반응을 파악하지 못해 고정 자본에 대해 투자를 하지 않게 되고 이로 인해 미국의 수출은 노동집약적인 경향을 띠게 된다. 그 후 제품이 표준화되면 생산자들은 효과적인 생산 방법과 시장의 반응을 잘 알 수 있게 되고 이를 바탕으로 많은 양의 고정 자본을 투자하게 된다. 생산 방식은 이 단계가 되어야 자본집약적인 성향을 갖게 된다. 미국이 노동집약적인 생산을 하는 도입기에서는 수출을 하고 자본집약적인 생산을 하는 성숙기에는 수입한다는 사실을 통해 Leontief의 역설이 지닌 문제를 해결할 수 있다.

　제품수명주기론은 한때 매우 인기 있는 이론이었다. 특히 제품수명에 따라 변화하는 무역 구조와 이에 적합한 해외직접투자 유형까지 동시에 설명할 수 있다는 것이 장점이었다. 그러나 이 이론이 처음 소개된 당시와 비교해 현재 세계 경제는 크게 변화했다. 즉 다국적 기업들은 자회사를 통해 전세계적인 네트워크를 형성하고 있어 새로운 제품을 전세계에 동시에 내놓고 있으며 또한 미국의 시장과 다른 국가의 시장 사이의 차이는 크게 없어졌다. 그럼에도 불구하고 이 이론은 선진국의 기술을 도입하려는 개발도상국에 아직도 유용한 지침을 제공해 준다.

국가유사성이론

Staffan Linder의 국가유사성이론은 공급 측면보다 수요 측면을 다룬다는 점에서 다른 무역이론과 구별된다. 이 이론은 두 가지 가정을 통해 유사한 국가 간의 국제 무역을 설명한다.

　첫째, 국가는 국내시장 점유율이 큰 제품을 수출한다. Linder에 따르면, 생산자들은 국내시장과 친숙하기 때문에 국내시장을 위해 신제품을 출시하게 되는데, 이 제품은 규모의 경제(economies of scale)를 통해 생산비를 절감할 수 있을 만큼 대규모로 생산해야 한다.

　둘째, 국가는 기호나 소득 수준이 유사한 국가에 제품을 수출한다. Linder는 소득 수준이 비슷한 국가는 유사한 기호를 지닐 것이며 국가는 기본적으로 국내시장을 위해 생산하지만 생산품의 일부는 유사한 국가로 수출하게 된다고 생각했다.

그러나 이러한 가정에는 문제가 있다. 첫번째 가정, 즉 경영자가 국내시장에만 관심을 둔다는 근시안적인 주장은 제품의 초기 단계를 설명하는 제품수명주기론의 가설과 유사하나 오늘날처럼 세계화된 경제 체제에서는 기업이 국내시장과 해외시장을 동시에 고려하기 때문에 설득력이 떨어진다. 예를 들어 중국과 같이 크리스마스 트리에 대한 수요가 적은 비기독교 국가가 크리스마스 트리를 생산해 미국과 같은 기독교 국가에 수출하는 경우도 있고, 일본 내 타자기 시장이 아직 성숙되지 않은 시기에 일본은 타자기를 제작해 미국에 수출했던 사례도 있다. 중·후진국에서 성행하고 있는 OEM 생산 방식도 좋은 예다. 이들 제품은 기본적으로 수출용이지 내수용이 아니다.

두번째 가정에도 문제가 있다. 비슷한 기호와 소득 수준을 가지고 있는 두 국가가 있다고 가정할 때, 이 중 한 국가만 특정 상품을 만들어내는 이유는 무엇인가? 예를 들어 미국과 일본의 경우 미국은 캐딜락을 일본에 수출하고 렉서스를 수입하는데, 왜 미국은 캐딜락을 수출하고 렉서스를 수입하는가? Linder의 이론으로는 이를 설명할 수 없다. 이를 설명하기 위해서는 양 국가 간의 서로 다른 요소부존과 기술적 특징을 알아야 하는데, 이는 HO 모델을 통해 설명할 수 있다.

Linder 모델의 가치는 서로 다른 유형의 국제 무역을 설명하면서 국내 수요와 규모의 경제라는 두 가지 중요한 변수를 발견했다는 점에서 찾을 수 있다. 이 두 변수는 최근 두 가지 이론에서 부활했다.

첫번째 변수인 국내 수요는 2장에서 논의할 Porter(1990)의 다이아몬드 모델 4개 요소 중 하나다. 두번째 변수인 규모의 경제는 산업 내 교역(intraindustry trade)의 주요 설명 변수인데, 우선 규모의 경제부터 살펴보도록 하겠다.

규모의 경제

HO 모델에서는 기본적으로 수익이 규모에 비례한다고 가정한다. 따라서 투입량이 두 배가 되면 산출량도 두 배가 된다. 그러나 이와는 다르게 실제 많은 산업에는 규모의 경제가 존재하기 때문에 투입량이 두 배가 되면 산출량은 두 배가 넘을 수도 있다. 규모의 경제가 존재한다는 사실을 통해 HO 모델로는 설명이 불가능했던 무역 유형을 설명할 수 있다. 즉 규모의 경제가 존재한다면 국가(또는 기업)는 특정 재화의 생산에 특화하는 것이 이득이다.

미국과 일본이라는 두 개의 국가와 중형과 소형이라는 두 가지 자동차가 있다고 가정해 보자. 이때 양국 모두 이 두 가지 자동차에 대한 수요가 있다고 가정해 보자. 이 경우 규모의 경제가 있다면 두 가지 자동차를 모두 생산하는 것보다는 한 국가가 한 가지 자동차만을 생산하는 것이 이득이 될 것이다. 또한 양국 사이에 자유무역이 존재한다면 양국의 소비자는 두 가지 자동차를 모두 구매할 수 있다. 결국 규모의 경제와 국제 무역을 통해 효과적으로 제품을 생산할 수 있다.

무역에는 산업 간 무역(interindustry trade)과 산업 내 무역(intraindustry trade)이 있다. 산업 간 무역은 비교우위의 영향을 받기 때문에 요소부존이 유사해 비교우위의 차이가 거의 없는 경우 산업 간 무역이 일어나지 않을 수도 있다. 그러나 규모의 경제가 있고 각국이 특화한다면 무역을 통해 이득을 얻을 수 있다. 따라서 요소부존이 서로 다른 국가 사이에서는 주로 산업 간 무역이 일어나고 요소부존이 유사한 국가 사이에서는 산업 내 무역이 이루어진다.

지금까지 전통 무역이론에 대해 살펴봤다. 이러한 이론들은 특수한 경우를 이해하는 데 지금도 어느 정도 유용하지만 복잡해진 현대의 세계 경제를 종합적으로 이해하는 데는 부족하다. 예를 들어 비교우위론은 한 가지 변수, 즉 요소부존만을 다룰 뿐 수요조건과 같은 다른 중요한 변수들은 다루지 않는다. 이와는 반대로 국가유사성이론은 수요조건만 보고 생산조건은 주목하지 않는다.

이제 Michael Porter가 이들을 종합해 새롭게 내놓은 다이아몬드 이론을 살펴볼 것이다. 다음 절에서는 세계적으로 권위 있는 학자들의 논쟁을 통해 기존의 이론 및 그에 따른 정책적 한계점을 좀더 깊이 생각해 보고, 2장에서는 그 대안으로 제시된 Porter의 새로운 모델에 대해 논의하겠다.

국가경쟁력에 관한 **논쟁** 2

1994년, 국제정치 · 외교 · 경제 분야의 저명한 저널인 〈포린 어페어(Foreign Affairs)〉는 국가경쟁력에 대한 일련의 지상 논쟁으로 후끈 달아올랐다. MIT 대학의 Krugman 교수가 경쟁력은 위험한 강박관념이라 정의함으로써 촉발된 이 논쟁은 국가경쟁력이라는 개념의 본질을 반추해 볼 수 있는 계기를 마련했다. Krugman 교수의 주장에 대해 태평양경제협의회(Pacific Basin Economic Council : PBEC)의 위원장이었던 Clyde V. Prestowitz, Jr., 캘리포니아 버클리 대학의 Stephen S. Cohen 교수, MIT 대학의 Lester C. Thurow 교수 등이 신랄한 비판을 가했다. 각각의 주장과 반박의 핵심 내용에 1절에서 논의한 전통이론을 적용해 보면서 국가경쟁력의 실체에 한 발 더 다가가보자.

경쟁력 : 위험한 강박관념(Krugman, 1994)

Krugman은 국가경쟁력이라는 개념에 반기를 들었다. Clinton 대통령이 "국가는 국제 시장에서 경쟁하는 큰 기업과 같다"고 말한 것에 대해 Krugman은 국가의 경제적 부가 세계 시장에서의 성공에 의해 결정된다는 식의 생각은 단지 가설에 불과하고 실증적으로도 맞지 않는 가설이라고 주장했다. 즉 한 국가의 경제적 성과는 국내적인 요소, 특히 생산성에 의해 결정되는 것이기 때문에 이를 세계 시장에서의 성공과 실패로 돌리는 것은 옳지 않다는 것이다. Krugman의 주장에 따르면, 국민의 생활 수준은 거의 전적으로 국내요소, 특히 생산성 증가율로 결정되는데, 현실적으로도 수출이 부가가치 창출에 기여하는 비율은 국내 생산에 비해 훨씬 낮기 때문에 국민의 생활 수준은 국내생산성에 의해 결정된다는 것이다.

　Krugman은 '경쟁력'이라는 단어를 사용하는 사람들이 별다른 생각 없이 기업의 경쟁력이라는 개념에서 국가경쟁력이라는 개념을 유추해 내는데, 사실 국가경쟁력을 정의하는 것은 기업의 경쟁력을 정의하는 것보다 훨씬 복잡한 문제라고 주장한다. 예를 들어 경쟁력이 없는 기업은 시장에서 퇴출당하지만, 국가에는 퇴출이란 게 없다. 또한 국가는 기업과 같이 명확하게 정의된 손익계산서가 없기 때문에 기업의 관점에서 국가경쟁력을 정의하기란 매우 힘든 일이다. 뿐만 아니라 국가는 기업이 경쟁하는 방법으로 경쟁하지 않는다. 코카콜라와 펩시는 경쟁 관계에 있기 때문에 펩시의 성공은 곧 코카콜라의 손해다. 반면 주요 산업 국가들은 상호 경쟁하는 제품을 판매하지만 서로에게 중요한 시장이자 수입의 원천이 되기 때문에 실제로 세계의 주요 국가들은 경제적인 측면에서 서로 경쟁하지 않는다. 따라서 국제 무역은 제로섬 게임이 아니다. 결국 국가경쟁력이란 국제 경쟁과는 상관없는 국내생산성이다.

Krugman은 경쟁력이라는 개념을 주장하는 사람들이 잘못된 수치(careless arithmetic)를 사용해 사람들을 현혹시킨다고 주장했다. 경쟁력에 대한 글들이 계량화된 자료에 근거를 둔 듯한 어구를 사용해 설득력을 높이려 하지만, 구체적인 수치에 대한 언급은 없으며 실제 자료를 살펴보면 이들 주장이 틀렸음을 어렵지 않게 알 수 있다. 또한 두 나라의 임금 추이를 비교하면서 환율을 적용하지 않고 계산하는 등 오류가 있는 자료를 바탕으로 경쟁력의 문제를 제기한 경우도 있다. Krugman은 이러한 문제가 경쟁력에 대한 강박관념에서 비롯됐으며 일단 분석 결과가 경쟁력의 개념을 뒷받침하는 것이라고 판단되면 자료의 타당성이나 처리 과정의 합리성에 대해서는 의심하려 하지 않기 때문에 발생한 것이라고 밝히고 있다.

이렇듯 많은 사람들이 경제 문제를 경쟁의 문제로 보려 하는 이유를 Krugman은 다음과 같이 세 가지로 정리했다. 첫째, 경쟁이라는 단어가 풍기는 이미지가 사람들을 흥분시키고 여기서 느껴지는 전율은 많은 관심을 불러일으키기 때문이다. 경제 문제가 외국과의 경쟁과는 관계없는 순수한 국내 문제라고 이야기하는 것보다 경쟁이라는 표현을 통해 묘사하는 것이 훨씬 더 많은 관심을 불러일으킨다. 둘째, 경제 문제의 원인을 국제 경쟁에서의 실패로 돌려버리면 문제의 해결책이 좀더 구체적인 것처럼 여겨지고 결과적으로 더 쉽게 해결할 수 있는 것처럼 느끼기 때문이다. 이른바 미국 노동자의 '경쟁력'과 관련된 문제의 원인이 실질적으로는 국내생산성에 있다는 입장을 취하면 이 문제를 극적으로 해결할 수 있는 방안을 모색하는 것이 쉽지 않다. 하지만 이를 일본과의 국제 경쟁에 관한 문제로 인식한다면 첨단 산업에 보조금을 지급하고 일본과 치열하게 경쟁하기만 하면 해결되는 듯한 인상을 줄 수 있다. 마지막으로, 경쟁이라는 표현은 정치적으로 유용하게 사용할 수 있기 때문이다. 정치가들은 경쟁력이라는 개념을 통해 어려운 선택을 정당화하거나 특정 선택을 회피하는 것에 대한 당위성을 얻을 수 있다.

그렇다면 경제 문제를 경쟁력의 문제로 인식할 때 발생하는 문제는 무엇인가? Krugman의 주장에 따르면, 경제 문제를 경쟁력이라는 표현으로 생각하고 말하게 되면 다음과 같은 세 가지 문제가 발생한다. 첫째, 경쟁력을 높인다는 미명 하에 정부의 지출을 낭비하게 된다. 냉전 시대에는 방공호 건설과 같이 효용성이 의심스러운 사업에 세금을 지출하기도 했는데, 이처럼 경쟁력에 대한 강박관념은 자원의 효율적인 분배를 가로막는다. 둘째, 보호주의와 무역 전쟁을 불러일으킬 수 있다. 국가의 경제 상황이 좋을 때는 별 문제가 없지만, 경제 상황이 좋지 않을 때 경쟁의 논리를 따르면 외국인들이 국부를 약탈해 가도록 하는 것보다 쇄국 정책을 쓰는 편이 더 낫다는 위험한 처방을 내릴 수 있다. 마지막으로 중요한 문제에 대해 조악한 정책을 펼 수도 있다. 창조론을 신봉하는 국가가 올바른 과학 정책을 수립할 것이라고 기대하기 어려운 것처럼 경쟁력을 신봉하는 국가가 훌륭한 경제 정책을 수립할 것이라고 기대하기는 힘들다.

지금까지 논의한 Krugman의 주장은 한마디로 '경쟁력이라는 단어를 국가 경제에 적용하는 것은 무의미하며, 경쟁력에 대한 강박관념은 잘못된 것인 동시에 위험한 것이다'로 요약할 수 있다. 경쟁력에 대한 그의 주장은 큰 파문을 일으켰으며 흥미진진한 논쟁을 불러일으켰다. Krugman의 주장에 대한 Clyde V. Prestowitz, Jr., Lester C. Thurow, Stephen S. Cohen의 반론을 통해 국가경쟁력의 본질에 좀더 가까이 다가가보자.

반론 1. 승리를 위한 경기(Prestowitz, 1994)

Prestowitz는 경제 문제를 경쟁의 문제로 인식하는 것은 잘못됐다는 Krugman의 주장을 다음과 같이 반박했다. 첫째, 국가 간의 관계는 경쟁 관계인 경우도 있다. Krugman은 국가 간의 경제 관계는 제로섬 게임이 아니라고 주장했다. 이는 바나나를 수입하고 비행기를 수출하는 미국과 코스타리카의 경우에는 맞는 이야기이지만, 60억 달러에 달하는 항공기를 사우디아라비아에 수출하기 위해 경쟁하는 미국과 유럽 간의 관계에는 해당되지 않는다. 이는 명백한 제로섬 게임이다.

둘째, 무역에 대한 Krugman의 주장에는 오류가 있다. Krugman은 생활 수준이 전적으로 국내생산성에 의해 결정된다고 주장했는데, 국가경쟁력을 주장하는 사람들 역시 국내 경제의 중요성을 잘 인식하고 있으며 오히려 무역을 2차적인 문제로 생각한다. 나아가 그는 미국의 수출이 GNP의 10%밖에 되지 않아 무역이 미국에 미치는 영향이 매우 적기 때문에 미국 경제의 핵심은 국내생산성에 있다고 주장했는데, 이는 미국 경제에서 큰 비중을 차지하고 있는 수입의 역할을 간과한 것이다.

마지막으로 국가도 장기적인 잠재력 측면에서는 경제적으로 경쟁한다. Krugman은 국가가 지위와 권력 측면에서는 경쟁하나, 경제 측면에서는 경쟁하지 않는다고 주장했는데, 제2차 세계대전 이후 비행기나 레이더 같은 영국의 발명품들을 좀더 빨리 상업화해 해당 산업이 영국의 주력 산업으로 성장하지 못하게 한 미국의 예를 살펴보면 Krugman의 주장이 사실과 다르다는 것을 알 수 있다. 결국 경쟁력에 대한 Krugman의 주장은 옳지 않으며 경쟁력이란 위협한 강박관념이 아니라 필수불가결한 요소다.

반론 2. 경쟁력의 자의적 표현(Cohen, 1994)

Cohen 또한 경쟁력에 대한 Krugman의 반론을 조목조목 비판했다. 우선 "국가는 세계 시장에서 경쟁하는 큰 기업과도 같다"라는 클린턴 대통령의 말이 틀렸다는 주장에 대해 "이는 정치적인 목적을 위해 복잡한 현상을 요약한 수사법으로 역대 대통령들이 자주 써왔다"고 밝히면서 여기서 말하는 기업은 Krugman이 예로 든 펩시나 코카콜라 같은 단일 기업이 아니라, 국가 경제에 매우 큰 영향을 미치는 거대한 기업군을 의미한다고 주장했다.

그는 또한 경쟁력에 대한 강박관념은 위험하기 때문에 생산성에 집중하라는 Krugman의 주장에 대해, 생산성에만 집중하는 것 또한 위험과 문제를 수반한다고 반박했다. 즉 경쟁력에서 생산성은 중요한 의미를 갖지만 그 자체가 모든 것을 설명하는 해답은 아니라는 것이다. Krugman은 "1인당 국민소득이 감소한 원인의 91%는 국내생산성 성장의 감소 때문이다"라고 했는데, 이는 그 감소 원인을 설명한 것이 아니라 이를 풀어 쓴 것에 불과하며, 경쟁력은 수많은 지표를 고려해야 이해할 수 있는 것으로 이들 지표 중 어느 하나도 독단적으로 경쟁력 전체를 설명할 수는 없다고 주장했다.

반론 3. 감자 칩이 아니라 마이크로 칩(Thurow, 1994)

Thurow는 국가 간 무역을 경쟁이 아닌 벤치마킹의 관점에서 바라보았다. 그는 경제 문제를 경쟁력의 관점에서 바라보는 사람들도 국내생산성의 중요성을 잘 알고 있으며 실제 국내 부분에 더 많은 비중을 두고 있지만, 무역이 국가의 생산성에 큰 영향을 미치지 못한다고 한 Krugman의 주장은 틀린 것이라고 비판했다. 만일 Krugman의 주장이 옳다면 미국이 보호무역주의를 실시하는 것은 올바른 정책이 된다. 예를 들어 수입 물량을 제한해 미국 노동자의 일자리를 창출하면 물건 가격은 다소 오르겠지만 미국 노동자의 생산성은 높기 때문에 국가 전체적으로는 이득이 증가한다. 그러나 보호무역정책이 실시되고 있지 않은 이유는 이러한 논리가 현실과 맞지 않기 때문이다.

Thurow의 주장에 따르면, 한 국가가 생산성과 소득의 수준을 높이려면 우선 세계무대에서 성공을 거두어야 한다. 다시 말해 국제무대에서 경쟁하지 않은 국가는 국내에서도 생산성을 높일 수 없다. 이는 기업이 세계 최고의 기업을 벤치마킹하듯이 능력 있는 국가는 경쟁을 통해 선도 국가의 훌륭한 점을 배울 수 있기 때문이다. 국가의 벤치마킹은 경제 전쟁과는 다른 것으로, 선도 국가의 우수한 점을 통해 자국의 수준을 높이는 행위다. 따라서 강박관념이 꼭 나쁜 것만은 아니다. 모든 국가는 자국의 생활 수준을 높이려는 열정을 갖고 있는데, 한 국가의 생활 수준이 상승한다고 해서 다른 국가의 생활 수준이 떨어지는 것은 아니기 때문이다.

지금까지 살펴본 Krugman과 여러 학자들 간의 논쟁은 상당히 지적이면서도 실용적이지만 혼란스러운 면도 없지 않다. Krugman은 "경제 문제를 경쟁의 관점에서 바라보려는 사람들이 경쟁이라는 단어를 사용해 무역을 제로섬 게임으로 이해하려고 하는데, 이는 중상주의자의 입장과 다를 바 없다"고 주장한다. 한편 Krugman 역시 국가경쟁력의 기본 개념으로서 경쟁우위와 비교우위를 명확히 구분하지 않았는데, 이 경쟁우위에 대해서는 2장에서 논의할 것이다.

결론 3

　　지금까지 국가경쟁력에 대한 전통이론과 이를 둘러싼 논쟁을 살펴봤다. 전통이론에서는 '우위(advantage)'라는 단어를 사용해 경쟁력을 표현했다. 즉 각 국가별로 우위인 분야가 다르기 때문에 무역이 일어나는 것이며, 이러한 관점에서 무역을 국가경쟁력의 표출로 보았다.

　경쟁주의자들은 국제 무역을 제로섬 게임을 바탕으로 한 경쟁으로 보았는데, Krugman은 이에 반론을 제기했다. 그는 국가 간 무역은 경쟁관계에 있는 개념이 아니기 때문에 국가경쟁력이란 국내생산성에 불과하다고 주장했다. 즉 Krugman은 절대우위적 관점에서 국가경쟁력을 국내생산성의 문제로 보고 있는 것이다.

　Krugman의 주장에 대한 많은 반론이 있었지만 Krugman의 주장

그림 1-1 전통이론과 Krugman의 국가경쟁력

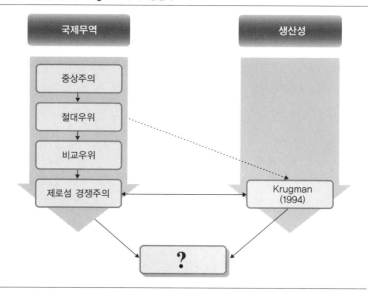

이 100% 틀렸다고 할 수는 없다. 또한 이들 반론이 100% 옳다고 할
수도 없다.

　논쟁의 양쪽이 모두 맞고 모두 틀린 모순적인 상황이다. 결국 국
가경쟁력을 정의하는 것은 그리 쉬운 일이 아니며 무역이나 생산성
만으로 설명할 수 있는 개념도 아니다.

　그렇다면 무역과 생산성을 동시에 고려하면 해결할 수 있는 문제
인가? 아니면 제3의 항목이 필요한가? 이 문제에 대한 해답은 2장에
서 찾아보자.

Adam Smith : 핀 공장의 사례

핀(pin) 제조업자를 … 예로 들 수 있다. 이러한 일에 대해 교육을 받지 못하고 또 그 일에 관련된 기기의 사용법도 알지 못하는 일꾼은 하루에 핀 한 개를 만들 수 있지만 하루에 20개를 절대 만들 수는 없다. 그러나 이러한 작업을 많은 부분으로 나누어서 하면 … 한 사람은 철사를 만들고, 두번째 사람은 그것을 펴고, 세번째 사람은 자르고, 네번째 사람은 뾰족하게 하고, 다섯번째 사람은 머리를 부착시키기 위해 윗부분을 간다. 핀을 만드는 데도 2~3가지 별개의 작업이 필요하다. 그것을 붙이는 것이 하나의 작업이라면, 핀을 희게 만드는 것은 또 다른 작업이며, 핀을 종이에 포장하는 것도 하나의 작업이다. 한 개의 핀을 만드는 일은 이렇게 약 열여덟 가지 별개의 작업으로 나뉘어 있다. 어떤 공장에서는 그러한 작업을 각기 다른 직공이 맡기도 하고, 어떤 공장에서는 같은 사람이 그 중 두세 가지를 맡기도 한다. 10명의 남자가 일하고 있는 이러한 종류의 작은 공장을 본 적이 있는데, 이들은 하루에 4만 8,000개의 핀을 만들 수 있다. 그러므로 각 개인이 전체의 10분의 1을 만드는 것으로 가정한다면 하루에 4,800개의 핀을 만드는 셈이 된다. 그러나 만일 그들 모두가 각기 독립해 일했다면 하루에 20개의 핀을 만들기도 힘들었을 것이다.

출처 : Smith(1776 : 10, 'An Inquiry into the Nature and Causes of the Wealth of Nations')

요약　중상주의에서는 무역을 한 국가의 무역 이익이 상대 국가의 무역 손실 때문에 상쇄되는 제로섬 게임으로 보았다. 반면 Adam Smith는 국가별로 절대우위가 있는 상품에 특화하면서 무역에 참가한다면 모든 국가가 이익을 얻을 수 있다는 포지티브섬 게임의 관점을 제시했다. Ricardo는 이 절대우위론을 비교우위론으로 확대시켰다. 그는 특정 국가가 어떠한 분야에서도 절대우위를 확보하고 있지 못한다 해도 무역에 참가하는 모든 국가는 비교우위를 통해 이득을 얻을 수 있다고 주장했다. 그러나 국가 간의 비교우위가 서로 다른 이유에 대해서는 충분히 설명하지 못했다. Heckscher와 Ohlin은 비교우위가 부존자원의 상이성으로 인해 발생한다고 설명했다. 그러나 Leontief는 이와 모순적인 결과를 발견했다. 이러한 Heckscher-Ohlin 모형과 현실과의 괴리를 보완하기 위해 학자들은 상품주기론, 국가유사성, 규모의 경제에 바탕을 둔 무역 등의 대안을 제시했다.

Krugman은 경쟁력이라는 말에 다음과 같은 세 가지 위험이 있다고 주장한다. 첫째, 경쟁력을 높이려는 시도는 비효율적인 부분에 정부의 지출을 낭비할 수 있고, 둘째, 보호주의와 무역 전쟁을 야기할 수 있으며, 마지막으로 이는 저급(低級)한 공공 정책을 낳을 수 있다. Krugman은 기업 간 경쟁은 제로섬 게임이지만 국가 간 무역은 제로섬 게임이 아니라고 주장한다. Prestowitz는 보완적인 무역 구조를 가지고 있는 국가들에서는 Krugman의 주장이 맞지만, 동일 제품에 대해 경쟁하는 무역 구조를 지닌 국가들 간의 무역에는 적용되지 않는다고 주장한다. 경쟁력에 대한 강박관념은 위험한 것이며 생산성에 집중하라는 Krugman의 주장에 대해 Cohen은 생산성에만 집중하는 것도 마찬가지로 위험하다고 비판했다. 또한 Krugman은 국가의 경제적 부가 국내생산성에 의해 결정된다고 주장했는데, 이에 대해 Thurow는 국내 경제의 생산성을 높이려면 세계 시장에서 먼저 성공해야 한다고 반박했다. 그러나 양쪽 다 국가경쟁력의 일부분만 보고 있다. 다음 장에서 설명하는 다이아몬드 모델은 이에 대한 포괄적인 답을 제시해 줄 것이다.

Porter의 다이아몬드 모델

【국가경쟁력】

만일 국제경쟁력이 낮은 임금과 풍부한 노동력에 의해 결정된다면 높은 임금과 부족한 노동력 하에서도 높은 경제발전을 이룩한 독일, 스위스, 스웨덴의 경우는 무엇으로 설명할 것인가? 반대로 엄청나게 풍부한 저임금 노동력을 가진 중국, 인도 등의 나라는 왜 경쟁력이 없는가? … 한국을 비롯해 일본, 독일, 스위스, 이탈리아처럼 자원이 빈약한 국가들이 그 동안 꾸준히 경제 성장을 해온 것만 보아도 국제경쟁력이 단순히 풍부한 부존자원에 의해 결정되는 것이 아님을 알 수 있다.
(조동성, 1994 : 24, 《국가경쟁력 : 선진국으로 가는 지름길》)

비교우위론에 따르면 천연자원과 생산요소의 비율(자본과 노동력의 비율)에 따라 개별 국가가 생산해야 하는 제품이 정해진다. 이러한 상황에서는 국제경쟁력에 대해 정부의 역할이 커서도 안 되고 클 수도 없다. 그러나 세계 어디에서나 자본을 빌릴 수 있는 오늘날에는 국가의 위치에 상관없이 런던과 동경의 자본시장에서 자금을 빌릴 수 있게 됐고, 결과적으로 자본이 풍부한 나라와 자본이 빈약한 나라의 구분이 없어지게 됐다. 또한 과학기술의 발달로 인해 국가경쟁력은 더 이상 천연자원에 구속받지 않게 됐다. 일본의 경우, 석탄과 철광석의 매장량이 매우 빈약하지만 세계 최고 수준의 철강 산업을 이루어냈다.
(Thurow, 1994 : 191, 'Microchips, not Potato Chips')

경쟁력이란 수많은 지표를 모두 고려해야 하는 개념으로서 이들 지표 중 그 어떤 하나도 전체를 설명할 수 없으며, 이 모두를 함께 생각해야 진정한 경쟁력의 의미를 도출해 낼 수 있다.
(Cohen, 1994 : 197, 'Speaking Freely')

1장에서 살펴본 HO 모델에 따르면, 국가 간 비교우위는 요소부존의 차이로 인해 발생한다. 따라서 1장 도입 부분에서 언급한 BRICs의 경쟁력에 대한 평가는 타당성 있어 보인다. 즉 넓은 국토, 풍부한 노동력과 천연자원 등을 바탕으로 BRICs가 향후 경제 대국으로 성장할 것이라는 논리는 일면 일리가 있다.

그러나 《국가경쟁력 : 선진국으로 가는 지름길》에서 논의된 독일, 스위스, 스웨덴, 이탈리아 등의 경제 성장은 어떻게 설명할 수 있는가? 'Microchips, not Potato Chips'에서 기술된 바와 같이 이들 국가의 성장을 자본시장의 변화와 과학 기술의 발전으로 설명할 수 있는가? 또한 'Speaking Freely'의 내용을 살펴보면 국가경쟁력이라는 개념은 여러 가지 변수를 동시에 고려해야 그 실체를 파악할 수 있다고 했는데, 과연 '여러 가지 변수'란 무엇인가?

2장에서는 현대 국가경쟁력의 창시자라 할 수 있는 Michael Porter 교수의 다이아몬드 모델을 통해 이러한 질문들에 대한 답을 구해 보려 한다. 먼저 Porter 교수가 제시하는 새로운 국가경쟁력의 개념을 알아보고 국가경쟁력에 대한 새로운 모델로 제시된 다이아몬드 모델의 내용을 살펴보겠다.

1 Porter의 국가경쟁력

현대 경영전략 분야의 세계적인 권위자로 손꼽히는 미국 하버드 대학의 Michael Porter 교수는 국가가 특정 산업에서 경쟁우위(competitive advantage)를 지니는 이유와 이에 따른 기업 전략 및 국가 경제의 함의를 연구하기 위해 주요 10개 무역국을 4년간 연구했다. Porter 교수는 이 연구 결과를 집대성해 1990년에 《The Competitive Advantage of Nations》이라는 제목으로 책(Porter, 1990a)과 논문(Porter, 1990b)을 냈다. 1998년에는 경쟁력에 관한 그의 논문들을 정리해 《On Competition》(Porter, 1998)을 집필했는데, 그 가운데 〈What is National Competitiveness?〉에서 국가경쟁력의 개념을 명료하게 정리하고 있다. 〈What is National Competitiveness?〉의 내용을 통해 Porter가 주장하는 국가경쟁력의 본질을 살펴보자.

국가경쟁력이란 무엇인가?(Porter, 1998 : 158~162)

많은 국가의 정부와 기업들이 국가경쟁력에 대해 깊은 관심을 보이고 있으나 아직까지 국가경쟁력을 설득력 있게 설명할 수 있는 이론은 현실적으로 없다. 나아가 국가 수준에서 '경쟁력'이라는 단어가 의미하는 바에 대해서는 아직 공인된 정의조차 존재하지 않는다. 경쟁력 있는 기업에 대한 정의는 명확한 반면, 경쟁력 있는 국가에 대한 개념은 모호한 상태인 것이다.

국가경쟁력을 환율, 이자율, 재정 적자 등에 의해 나타나는 거시경제적인 현상으로 보는 견해가 있다. 그러나 일본, 이탈리아, 그리고 한국에서는 재정 적자에도 불구하고 생활 수준이 급속히 향상됐고 독일과 스위스는 통화 절상에도 불구하고 생활 수준이 높아졌다. 특히 이탈리아와 한국은 높은 이자율에도 불구하고 생활 수준이 크게 향상됐다.

혹자는 국가경쟁력이 값싸고 풍부한 노동력에 의해 결정된다고 주장한다. 그러나 대부분의 선진국은 임금이 높고 노동력이 부족함에도 불구하고 번영을 이루어왔다. 풍부한 천연자원의 산물이 '경쟁력'이라고 주장하는 사람도 있다. 만일 이 주장이 사실이라면 천연자원이 부족한 독일, 일본, 스위스, 이탈리아, 한국과 같은 나라의 성공은 어떻게 설명할 수 있는가?

최근에는 국가경쟁력이 정부의 정책에 의해 주도된다는 주장이 호평을 받고 있다. 이들 주장에 따르면 한국과 일본의 자동차, 제철, 조선, 반도체 산업은 타깃팅(targeting), 보호주의, 수출 장려, 보조금 지급 등을 통해 세계 일류의 반열에 오를 수 있었다고 한다. 그러나 그 이면을 좀더 자세히 살펴보면 사실과 다르다는 것을 쉽게 알 수 있다. 정부의 개입 정책이 별다른 효과를 거두지 못했던 이탈리아는 일본 다음으로 수출 호황을 누렸고, 독일의 수출 산업에는 정부가 직접 개입하는 경우가 드물다. 또한 한국과 일본도 팩시밀리, 복사기, 로봇 공학, 첨단 소재와 같이 중요한 산업에서는 정부의 역할이 크지 않았다.

마지막으로 노사 관계를 포함한 경영 방식의 차이를 국가경쟁력의 원천으로 보는 견해도 있다. 그러나 이러한 견해는 산업에 따라 적합한 경영 방식이 다르다는 사실을 설명할 수 없다. 예를 들어 제화, 섬유, 보석 산업에서 효과적인 이탈리아 식의 가족 기업 방식을 독일의 자동차 산업, 스위스의 제약 산업, 또는 미국의 항공 산업에 적용한다면 큰 혼란이 일어날 것이다. 또한 노사 관계를 일반화하는 것 역시 불가능하다. 일반적으로 강성 노동조합은 경쟁력을 잠식하는 것으로 알려져 있는데, 독일과 스웨덴은 강성 노동조합을 갖고 있으나 세계 유수의 기업을 다수 보유하고 있다.

이처럼 경쟁력에 대한 기존 견해들은 부족한 점이 있기 때문에 이들 견해 중 어느 하나도 그 자체만으로는 한 국가 내 산업의 경쟁력을 설명할 수 없다. 지금까지 논의한 각각의 견해는 일견 타당한 면도 있지만 폭넓은 관점에서 보자면 국가경쟁력에는 좀더 복잡한 요소들이 작용하고 있다는 것을 알 수 있다.

국가경쟁력에 대해 명확히 설명할 수 없다는 것은 좀더 근본적인 접근이 필요하다는 것을 의미한다. 우선 국가경쟁력이라는 것은 무엇인가? 국가경쟁력이 높은 나라는 그 나라의 모든 기업과 산업이 경쟁력이 있다는 의미인가? 이러한 나라는 지구상에 존재하지 않는다. 경쟁력 있는 국가로 손꼽히는 일본조차 세계 최고의 경쟁력을 지닌 부문과 비교했을 때 수준이 떨어지는 분야가 많다.

그렇다면 환율로 인해 자국 상품이 세계 시장에서 경쟁력을 갖게 되는 나라가 경쟁력 있는 나라인가? 독일과 일본은 모두 괄목상대할 만큼 생활 수준이 향상됐으나 오랜 기간 동안 화폐가 고평가되어 있었고 물가 또한 높았다. 그렇다면 무역 흑자를 기록하는 나라를 경쟁력 있는 나라라 할 수 있는가? 스위스는 간신히 무역 수지 균형을 이루었고 이탈리아는 만성적인 무역 적자를 나타내고 있지만 양국 모두 높은 국가 소득을 거두었다. 아니면 임금이 싸면 경쟁력 있는 국가라 할 수 있는가? 인도와 멕시코는 임금이 낮지만 매력적인 산업 모델과는 거리가 있다.

국가 수준에서는 생산성만이 유일하게 의미 있는 개념이다. 국가의 가장 중요한 목표는 높은 생활 수준을 구현하고 이를 지속적으로 높이는 것인데, 이는 노동력과 자본의 생산성에 의해 결정된다. 여기서 생산성이란 노동 또는 자본 한 단위가 생산하는 산출의 가치를 의미하는 것으로, 이는 상품의 품질과 특징, 그리고 상품을 생산하는 효율에 달려 있다. 생산성은 국가의 장기적인 생활 수준을 결정하는 가장 중요한 요소로, 1인당 국민소득이 국가마다 다른 근본적인 이유가 된다. 인적 자원의 생산성은 임금을 결정하고, 투여된 자본의 생산성은 그 소유자에 대한 이자를 결정한다.

한 국가의 생활 수준은 그 국가의 기업들이 높은 수준의 생산성을 달성하고 그 생산성을 지속적으로 증가시키는 능력에 따라 결정된다. 지속적으로 생산성을 향상시키려면 꾸준히 자신을 발전시켜야 한다. 기업은 기존 산업에서 제품의 품질을 향상시키고, 바람직한 특징을 가미하고, 제품 기술을 개선하고, 생산 효율을 증진시킴으로써 부단히 생산성을 증가시켜야 한다. 또한 기업은 생산성이 높은 고도화된 산업 부문에서 성공적으로 경쟁하기 위해 필요한 능력들을 개선해 나가야 한다. 마지막으로 기업은 완전히 새롭고 정교한 산업에서 경쟁하기 위한 능력을 개발해야 한다.

국제 무역과 해외 투자는 국가의 생산성을 위협하기도 하지만 생산성을 개선시킬 수도 있다. 국가는 국제 무역과 해외 투자를 통해 국내 기업의 생산성이 높은 산업 분야는 특화시키고 기업의 경쟁력이 부족한 부분에서는 수입을 실시함으로써 국가 전반의 생산성을 높일 수 있다. 모든 산업에서 경쟁력을 지닐 수 있는 국가는 없다. 다만 가장 이상적인 방법은 국가의 제한된 인적자원 및 기타 자원을 가장 생산적인 방법으로 배치하는 것이다. 생활 수준이 매우 높은 나라에서도 경쟁력이 낮은 산업은 많이 존재한다.

그러나 국제 무역과 해외 투자는 생산성의 증가를 위협할 수도 있다. 한 국가의 산업은 국제 무역과 해외 투자를 통해 국제 수준의 생산성 시험을 통과해야 한다. 일반적으로 외국 기업은 국내 기업보다 불리한 조건에서 경쟁해야 하는데, 이를 극복하기 위해 높은 생산성을 갖추고 해외시장에 진출한다. 이때 국내 기업이 외국 기업보다 생산성이 낮다면 시험에서 탈락하게 된다. 이러한 식으로 고생산성 · 고임금 산업에서 경쟁할 능력을 상실한 국가는 생활 수준의 하락이라는 위협을 받게 된다.

국가경쟁력을 무역 흑자나 무역 수지 균형 그 자체만으로 정의하는 것은 적절하지 않다. 저임금이나 통화의 약세로 수출이 증대하더라도 국내 기업의 경쟁력 부족으로 생산할 수 없는 고급 제품을 수입하게 되면 국민의 생활 수준은 하락한다. 또한 국가경쟁력이 일자리를 의미하는 것도 아니다. 국가 경제의 번영에 중요한 것은 일자리의 종류이지 저임금을 받더라도 많은 사람을 고용할 수 있는 일자리의 양은 아니다.

따라서 국가경쟁력에 대한 답을 찾는 것은 잘못된 질문에 대해 답하는 것과 같다. 중요한 것은 생산성과 생산성 증가율을 결정하는 요소들이다. 이러한 요소들을 찾기 위해서는 경제 전체가 아닌 특정 산업이나 산업 부문에 초점을 맞추어야 한다. 이를 위해서는 상업화될 수 있는 기술들을 개발한 방법과 그 이유를 밝혀야 하는데, 이는 국가 수준이 아닌 산업 수준에서만 가능하다. 한 국가의 생산성을 향상시키는 과정의 핵심은 제품과 공정이 창출되고 개선되는 특정 산업에서의 경쟁우위를 놓고 외국 경쟁자와 벌인 수많은 투쟁을 통해 이루어진다.

여러 국가들의 경제 구조를 자세히 살펴보면 한 국가 내의 경쟁력 있는 산업들 간에는 현저한 차이가 있음을 알 수 있는데, 국제 우위(international advantage)는 보통 특정 산업 부문에 집중되어 있다. 예를 들어 독일의 자동차 수출은 고성능 자동차 부분에 편중되어 있는 반면, 한국은 중소형 자동차 수출에 집중하고 있다. 전세계의 산업과 산업 부문을 두루 살펴보면 국제적으로 경쟁우위를 지니고 있는 기업들은 몇몇 특정 국가에 기반을 두고 있다는 사실을 알 수 있다.

따라서 우리가 연구하는 국가의 경쟁우위(the competitive advantage of nations)는 한 국가가 자국 내 특정 산업 분야의 경쟁우위를 창출하고 이를 지속하게 할 수 있도록 하는 결정적인 특징들을 찾는 것이라 할 수 있다. 이 중에서 특히 높은 생산성을 유지하고 이를 더욱 향상시키는 데 핵심 역할을 하는 기술집약적 산업 부문에서 국제적인 성공을 거둘 수 있는 요인들에 주된 관심을 두었다.

전통이론에 따르면, 국가는 이른바 생산요소라 하는 토지, 노동, 천연자원 등을 바탕으로 특정 산업에서 성공을 거둔다고 한다. 즉 국가는 자신이 풍부하게 소유한 생산요소를 집약적으로 사용할 수 있는 산업에서 생산요소에 근거한 비교우위를 갖는다. 그러나 경쟁의 세계화와 기술의 힘으로 인해 전통이론의 설득력은 차츰 퇴색됐다.

오늘날의 국제 경쟁 환경에서는 기업들이 무역뿐 아니라 해외 투자와 같은 글로벌 전략을 통해서도 경쟁하는데, 국가경쟁력에 대한 새로운 이론은 이러한 사항을 반영할 수 있어야 한다. 새로운 이론은 특정 국가가 세계 시장에서 효과적으로 경쟁하기에 유리한 국내 환경을 자국의 기업에게 만들어주는 이유를 밝혀야 하는데, 이를 국내 기반(home base)이라 한다. 국내 기반은 기업이 세계 시장에서 경쟁하기 위해 필요한 필수적인 경쟁우위를 창출하고 지속할 수 있는 환경을 제공한다. 바로 이곳에서 기업의 전략이 수립되고 핵심 제품과 프로세스 기술이 창출되며 가장 생산적인 직업과 가장 능력 있는 근로자들이 일을 하게 된다. 한 국가의 국내 기반이 우수하면 국내 관련 산업은 매우 긍정적인 영향을 받게 되고 이는 궁극적으로 국가 경제에 또 다른 이익을 가져다 준다.

　새로운 국가경쟁력 이론은 국가의 비교우위를 넘어서 경쟁우위를 설명할 수 있어야 한다. 이 이론은 세분화된 시장, 차별화된 상품, 기술 격차, 규모의 경제 등 경쟁에 관한 다양한 개념을 반영해야 한다. 새로운 이론은 단지 비용으로 설명하는 단계를 넘어 특정 국가의 기업들이 품질, 특징, 신상품 혁신 등을 통해 우위를 창출하는 데 있어 다른 기업들보다 훨씬 나은 성과를 보이는 이유를 설명할 수 있어야 한다. 이 이론은 경쟁이 동적이며 진화한다는 전제에서 출발해야 한다. 게다가 특정 국가의 기업들이 다른 기업들보다 더 나은 혁신을 이룩하는 이유와, 특정 국가가 자국의 기업에게 외국 경쟁자들보다 더 빨리 개선을 이루고 혁신을 달성할 수 있는 환경을 제공하는 이유에 답할 수 있어야 한다.

2

다이아몬드 모델

"국부(國富)는 물려받는 것이 아니라 창조된다"
는 한 마디로 Porter는 1776년 Adam Smith가 국부론을 내놓은 뒤
약 200년간 지속되어 오던 전통 경제이론의 패러다임을 바꿔놓았다.
그는 한 국가의 경제적 번영은 전통 경제이론이 주장하는 바와 같이
국가의 천연 부존요소나 노동력, 이자율, 화폐가치 등에서 나오는 것
이 아니라 국가 내 산업이 보유하고 있는 혁신 능력과 품질 개선 능
력에 달려 있다고 주장한다. 즉 국가별로 상이한 부존요소로 인해 비
교우위가 생기고 이로 인해 한 국가의 경쟁력이 정해진다는 전통 경
제이론을 뒤집은 것이다. 그는 임금, 이자율, 규모의 경제, 정부의 지
원 등 많은 사람들이 국가경쟁력의 원천이라고 생각해 오던 것들은
불완전하며 당장 달콤하게 들릴지 몰라도 이러한 주장에 현혹되면

그 어떤 나라도 경쟁력을 높일 수 없다고 경고한다.

앞에서 살펴본 바와 같이 Porter는 국가경쟁력이 국내 산업의 생산성에 의해 결정된다고 보았다. 즉 국가경쟁력이 높은 국가란 국내 산업이 높은 생산성을 달성하고 이를 계속 향상시킬 수 있도록 국내 여건을 조성해 주는 국가를 의미한다. 결국 국가경쟁력이란 이러한 '국내 여건'을 조성하는 능력이라 할 수 있다. 그렇다면 이러한 국내 여건에는 어떠한 것이 있는가? 바로 이 국내 여건을 설명하는 모델이 앞에서 Porter가 언급한 '새로운 국가경쟁력 모델', 즉 다이아몬드(diamond) 모델이다. Porter는 기업의 경쟁력에서부터 다이아몬드 모델에 대한 설명을 시작한다.

기업은 혁신(innovation)을 통해 경쟁우위를 확보하고 끊임없는 개선(improvement)을 통해 경쟁우위를 지켜나간다. 그런데 특정 국가에 위치한 기업은 지속적으로 혁신을 이루는 반면, 다른 국가에 있는 기업은 그렇지 못한 이유는 무엇인가? 이 질문에 대한 답으로 Porter (1990b)는 생산요소조건(Factor Conditions), 시장수요조건(Demand Conditions), 관련 및 지원 산업(Related and Supporting Industries), 기업의 전략, 구조, 경쟁관계(Firm Strategy, Structure, and Rivalry)라는 경쟁력의 4가지 속성을 제시했다. 이들 4가지 속성은 각각 하나의 시스템으로서 국가경쟁력의 '다이아몬드'를 형성하는데, 이 다이아몬드는 한 국가가 자국의 산업을 위해 만들어준 경쟁 활동의 무대와 같은 역할을 한다.

다이아몬드 모델의 생산요소조건은 해당 산업에서 경쟁하는 데 필요한 숙련 인력이나 인프라와 같이 생산요소의 관점에서 바라본

그림 2-1 국가경쟁력의 결정 요인으로서 다이아몬드 모델

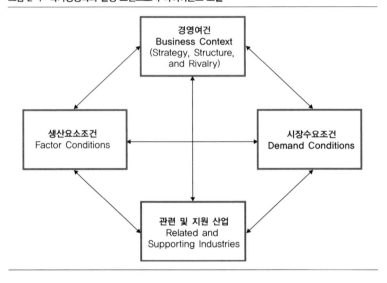

국가의 포지션을 의미한다. 시장수요조건은 해당 산업의 상품이나 서비스에 대한 국내시장 수요의 본질을 의미한다. 관련 및 지원 산업은 국제적으로 경쟁력 있는 공급 산업 및 기타 관련 산업이 국내에 존재하는지 여부를 고려한다. 기업의 전략, 구조, 경쟁관계는 국내 경쟁관계의 본질과 기업의 설립, 조직, 관리 등을 관할하는 국내 여건을 의미한다.

생산요소조건은 크게 기본요소조건(Basic Factor Conditions)과 고급요소조건(Advanced Factor Conditions)으로 구분할 수 있다. 기본요소조건은 천연자원, 기후, 인구 등과 같이 이미 주어진 요소로, 기업들은 글로벌 전략을 통해 부족한 기본요소조건을 획득하거나 기술을 통해 극복할 수 있기 때문에 경쟁우위 창출에 큰 영향을 미치지 못한다. 반면 고급요소조건은 숙련공, 전문가, 기술 노하우 등과 같이 특

정 산업이나 분야에 특화된 요소조건으로, 이들 요소는 기본요소보다 희소하고 외국 경쟁자들이 흉내내기 힘들며 지속적인 투자를 통해서만 창출할 수 있다. Porter(1990b)는 가장 중요한 생산요소는 지속적이면서도 막대한 투자와 연관되어 있으며 특화된 것이라고 말했는데, 이 점에서 고급요소조건은 경쟁우위 창출에 큰 기여를 한다.

시장수요조건은 수요의 양(Demand Size)과 수요의 질(Demand Quality)로 구분할 수 있다. 수요의 양은 특정 국내 산업 부문의 크기를 의미하는 것으로, 해외시장에 비해 국내 산업 부문의 크기가 크거나 명확히 인식할 수 있는 경우 국가의 경쟁력은 높아진다. 수요의 질은 국내 소비자의 세련미(sophistication)와 까다로운 정도에 따라 결정되는데, 세련되고 높은 수준을 요구하는 소비자들은 앞서가는 소비자들의 요구를 알려준다. 따라서 기업들이 이러한 높은 기준에 부합하도록 압력을 행사하고 끊임없는 혁신과 개선을 통해 좀더 발전하도록 함으로써 국가경쟁력을 높이는 데 이바지한다. 즉 기업들이 국내 수요를 통해 새로운 소비자 요구를 조기에 명확히 파악할 수 있거나 까다로운 소비자들이 외국 기업보다 빨리 혁신을 달성하라고 국내 기업에 압력을 행사할 수 있는 국가는 경쟁력이 증대한다. 따라서 수요의 양과 질 가운데 수요의 질이 국가경쟁력을 높이는 데 훨씬 큰 역할을 한다.

관련 및 지원 산업은 특정 산업과 연관된 산업의 국제경쟁력을 평가하는 것으로, 해당 산업에 중간재를 공급하는 산업과 기타 연관 산업의 발전 여부를 분석한다. 국제적으로 경쟁력 있는 공급자들이 국내에 있을 경우, 이 공급자에게서 공급받는 산업(downstream industries)

들은 가격이 가장 저렴한 투입요소를 효율적이고 신속하게 확보할 수 있는 등 여러 가지 이점이 있다. 예를 들어 이탈리아의 보석 기업이 세계 보석 산업을 이끌 수 있는 것은 이탈리아 기업들이 세계 보석 제조 및 귀금속 재생 기기 시장의 3분의 2를 차지하고 있기 때문이다. Porter(1990b)는 국제적으로 경쟁력이 있는 관련 및 지원 산업이 국내에 존재함으로써 얻을 수 있는 이득은 이같이 상호 인접성으로 인해 얻을 수 있는 혁신과 개선의 효과에서 찾을 수 있다고 주장한다.

기업의 전략, 구조, 경쟁관계는 한 국가 내에서 기업이 생성, 조직, 운영되는 전반적인 구조 및 전략과 국내시장에서의 경쟁관계를 만들어내는 국가의 환경과 여건을 분석한다. 전세계적으로 어느 나라, 어느 산업에나 적용할 수 있는 경영 방식은 존재하지 않는다. 특정 산업의 경쟁력은 경영 관습과 조직의 특성이 융합해 형성되는 것이므로, 이러한 경영 관습과 조직의 특성은 국가와 해당 산업의 경쟁력이 발생하는 원천에 따라 다르다. 이탈리아 기업들이 세계적인 경쟁력을 지니고 있는 조명, 가구, 신발 같은 산업에서는 집중화, 차별화, 틈새시장 공략 등의 전략이 중요한데, 이런 전략은 이탈리아 식 경영 방식에 해당된다. 반면 정밀한 기술이 중요한 광학, 화학, 정밀 기계 등의 산업에서는 독일 식 경영 방식이 잘 들어맞는다.

또한 국내에 강력한 경쟁자가 존재하면 경쟁우위를 확보하는 데 큰 자극이 된다. 사람들은 보통 국내 경쟁은 소모적인 것이라 생각하지만, 기업들은 강력한 국내 경쟁관계로 인해 혁신과 개선에 대한 압력을 받는다. 그리고 이러한 경쟁관계는 특정 지역에 집중됐을 때 더 큰 힘을 발휘한다. 경쟁 기업이 집중될수록 경쟁관계는 더욱 심화되고, 경쟁관계가 심해질수록 경쟁력은 높아진다. 그러다 국내 경쟁이 치열해지면 기업은 세계 시장으로 눈을 돌리게 되는데, 강력한 국내 경쟁관계를 통해 단련된 기업은 국제무대로 진출해 성공할 확률이 높다.

지금까지 설명한 생산요소조건, 시장수요조건, 관련 및 지원 산업, 기업의 전략, 구조, 경쟁관계는 국가경쟁력을 결정짓는 4가지 독립적인 요소이지만 이 4가지 요소는 서로 다른 요소에 영향을 미친다. 즉, 4가지 요소 가운데 한 가지라도 경쟁력이 부족하면 이는 나머지 요소에도 제약으로 작용해 전체적으로 경쟁력을 저하시키는 기능을 한다. 그러나 다이아몬드 모델은 이 4가지 요소의 단순한 합의 개념을 넘어 하나의 시스템으로 작동한다. 다시 말해 다이아몬드 모델을 구성하고 있는 4가지 요소들은 서로의 경쟁력을 강화시키는데, 이 중에서도 특히 국내 경쟁관계와 지리적 집중은 다이아몬드 모델이 시스템으로 작동하는 데 큰 영향을 미친다.

국내 경쟁관계가 심화되고 특히 경쟁자가 인접한 경우에는 특화된 요소들을 적극적으로 개발하게 된다. 또한 활발한 경쟁관계는 수요조건의 경쟁력을 높이는 효과를 낳는다. 이탈리아 기업들이 치열한 국내 경쟁을 통해 경쟁력 있는 신상품을 생산하자 이탈리아 소비자들은 더 좋은 제품을 더 많이 바라게 됐고 결과적으로 수요조건의 경쟁력이 높아지게 됐다. 한편 국내 경쟁은 관련 및 지원 산업의 형성을 촉진시킨다. 일본의 세계적인 반도체 제조 기업들은 일본의 반도체 제조 장비업체의 경쟁력을 세계적인 수준으로 끌어올렸다.

3 결론

       2장에서는 Porter가 제시한 국가경쟁력의 개념과 이를 설명하기 위한 다이아몬드 모델에 대해 살펴봤다. Porter의 주장에 따르면, 국가의 경쟁력은 국가 내 산업의 생산성에 의해 결정되고 산업의 생산성은 해당 산업의 국내 여건에 따라 결정된다. Porter는 이러한 국내 여건을 분석하는 틀로 생산요소조건, 시장수요조건, 관련 및 지원 산업, 기업의 전략, 구조, 경쟁관계를 제시했다. 이들 4가지 요소는 하나의 시스템으로 다이아몬드 모델을 이룬다.

  국가경쟁력에 대한 Porter의 주장은 지난 200여 년간 신봉되던 전통 경제학을 정면으로 반박하는 것으로 책 제목 《The Competitive Advantage of Nations》(Porter, 1990a)에서 알 수 있는 바와 같이 Adam Smith가 저술한 《국부론(The Wealth of Nations)》(Smith, 1776)의 개념을 근본적으로 재정립하는 혁명적인 사건이라 할 수 있다. "국부란 물려받는 것이 아니라 창조되는 것이다"는 말에서 알 수 있듯이 Porter는 국가경쟁력을 동적인 관점에서 바라보고 있다. 또한 전통 경제학에서 주장하는 국가경쟁력 변수를 모두 포함하면서 지금까지 알려지지 않았던 새로운 변수들을 포함하는 다이아몬드 모델을 제시함으로써 매우 포괄적으로 접근하고 있음을 알 수 있다.

그러나 이러한 Porter의 다이아몬드 모델 역시 그 자체가 완벽할 수는 없다. Porter의 다이아몬드 모델은 많은 논쟁을 거쳐 경쟁력의 범위와 원천의 관점을 확장했는데, 이어지는 3장에서는 우선 Porter의 다이아몬드 모델에 대한 논쟁을 살펴보겠다.

다이아몬드 모델로 분석한 한국의 경쟁력

Porter는 그의 저서 《The Competitive Advantage of Nations》에서 세계 주요 10개 국의 경쟁력을 분석했는데, 이 가운데에는 한국도 포함된다. 다이아몬드를 통해 분석한 한국의 사례는 본문에서 논의한 다이아몬드 모델의 개념을 좀더 명확히 이해하는 데 도움을 줄 것이다. 다만 한 가지 유의할 점은 Porter(1990a)의 책이 1990년에 출판됐기 때문에 당시의 자료를 바탕으로 분석하고 있다는 것이다. 따라서 분석 내용을 현재 한국의 경쟁력으로 인식하기보다는 다이아몬드 모델을 구체적인 사례에 적용하는 방법으로 이해하는 데 주안점을 두어야 한다. 나아가 2부 실제편에서 분석할 현재의 경쟁력과 그 당시의 경쟁력을 비교해 봄으로써 한국 경쟁력의 추이를 살펴본다면 한국의 국가경쟁력에 대한 이해를 높이는 좋은 자료가 될 것이다. 아래의 내용은 《The Competitive Advantage of Nations》의 453~479쪽 내용을 정리한 것이다.

생산요소조건

한국은 경쟁력 있는 다른 국가들의 사례에서 본 바와 마찬가지로 천연자원이 부족하다. 천연 항구가 많고 텅스텐, 시멘트 원료 등은 풍부하나 주요 광물, 에너지 자원, 목재 등은 매우 빈약하다. 산악 지형으로 인해 경작지 또한 부족하다. 한국이 경쟁력을 보유하고 있는 산업들은 거의 해외 원자재에 의존하고 있다. 반면 한국은 인적 자원이 풍부하다. 인건비는 낮지만 한국의 근로자들은 훈련이 잘 되어 있고 성실하다. 또한 한국의 근로자들은 교육 수준이 높다. 근로자의 높은 교육 수준은 공기(工期)를 단축시키는 데 크게 기여한다. 일례로 조선 산업에서 일반적으로 30개월이 걸리는 초대형 유조선 건조 프로젝트를 한국의 근로자들은 18개월 내에 마칠 수 있다. 이러한 한국 근로자들의 특성은 인종, 언어 등의 민족적 동질성과 3년간의 의무 군복무, 그리고 교육, 성실, 존경 등을 강조하는 유교 문화에서 그 배경을 찾을 수 있다.

시장수요조건

한국은 상대적으로 작은 국토 규모에 비해 많은 인구가 거주해 상당한 규모의 국내시장을 보유하고 있다. 한국이 경쟁력을 지니고 있는 산업들은 대부분 이러한 국내시장에 바탕을 두고 있다. 조선 산업은 역사도 오래됐지만 수출을 주력으로 한 한국 경제의 특성상 수요가 매우 높다. 건설 산업에서도 한국전쟁 이후 미군기지 건설, 전후 복구 사업, 사회 인프라 구축 등으로 많은 경험을 쌓게 됐다. 방위 산업에서도 휴전이라는 특수한 국내시장 상황으로 인해 경쟁력을 높이게 됐다. 소비재 부문에서는 특히 피아노 산업의 경쟁력이 두드러지는데, 이는 오랜 음악적 전통, 음악 교육에 대한 한국 부모의 열정, 생각보다 많은 세계적인 연주자의 수 등에서 원천을 찾을 수 있다. 그러나 한국은 함께 연구한 다른 국가들에 비해 수요조건의 역할이 미약한데, 이는 한국의 산업이 아직 발전 초기 단계에 있음을 보여주는 것이다. 즉 한국의 국내 수요는 주력 산업 선정에서는 어느 정도의 역할을 수행했으나 시장의 크기와 같은 점 외에는 별로 특별한 이점을 제공하지 못했다. 결국 수요조건이 한국 경제의 이점으로 작용할 것인지, 만약 작용한다면 어떻게 할 것인지가 한국 경제발전의 가장 큰 문제다.

관련 및 지원 산업

다른 나라들과 마찬가지로 한국에도 클러스터가 존재한다. 건설 산업은 시멘트와 철광 산업과 관련이 있고 의류 및 섬유산업은 상호 연관되어 있다. 이러한 관계는 소비재 전자산업에서도 찾을 수 있는데, 이들 산업은 반도체와 무선 및 사무기기 산업으로 발전했다. 한국이 경쟁력을 지닌 산업들 대부분은 종합상사의 덕을 톡톡히 보았다. 종합상사는 잘 발달된 해외 네트워크를 통해 한국 제조업체가 해외시장을 개척하는 데 큰 도움을 주었다. 그러나 한국의 클러스터는 선진국에 비해 미약한데, 이는 한국 국가경쟁력의 주요 취약점으로 작용하고 있다.

기업의 전략, 구조, 경쟁관계

대부분의 한국 기업들은 제품을 중심으로 저비용 전략을 구사하고 있다. 이에 따라 표준화된 제품을 대량 생산하는 것에 초점을 맞추게 되고 결과적으로 선진 기술보다는 한 세대 정도 뒤진 양상이다. 이를 위해 임금은 낮지만 생산성이 높은 근로자들과 상당한 가격 우위를 얻을 수 있는 해외 기술을 최대한 활용하는 최신 설비를 대규모로 활용해 제품을 생산한다. 강력한 최고경영자 또한 한국 기업의 특징으로 꼽을 수 있는데, 최고경영자들은 카리스마가 있고 모든 사내 업무에 깊숙이 관여한다. 이들은 또한 대담해 공격적인 투자도 서슴지 않는다. 근로자와 관리자들 역시 매우 오랜 시간 근무한다. 기업의 구조는 위계적이고 엄격한 규율이 적용된다.

한국 기업은 또한 대만이나 홍콩 등의 기업과는 달리 주문자생산방식(OEM)을 지양하고 고유의 제품을 개발해 자신의 상표로 세계 시장에 판매하려는 노력을 일찍부터 시작했다. 이로 인해 한국 기업들은 경쟁력을 높이고 유지하게 됐다. 한국 기업의 특징 중 가장 독특한 것을 고르라고 한다면 아마도 위험을 감수하려는 의지를 들 수 있을 것이다. 한국의 기업들은 주문을 받기도 전에 해당 산업에 진출해 설비 및 공장 등에 투자한다. 재벌 역시 한국 기업의 빼놓을 수 없는 특징이다. 정부는 재벌에 많은 특혜를 제공했고 반도체와 조선 산업과 같은 분야에서 대규모의 투자를 실시하기 위해 정치적 영향력과 자금을 동원했다. 공격적인 경영, 정부의 지원, 저임금 노동력 등은 재벌 경쟁력의 원천이 됐고 이들의 전략은 한국의 환경과 잘 맞아 떨어졌다. 그러나 이러한 기업 구조와 대기업에 집중된 경제력이 미래에도 한국의 국가경쟁력에 긍정적인 영향력을 행사할지는 미지수다.

치열한 국내 경쟁관계 역시 한국 경쟁우위의 중요한 원천이다. 이러한 경쟁으로 인해 기업들은 지속적인 투자, 생산성 개선, 새로운 제품의 개발 등에 대한 압력을 행사했고 이를 통해 한국 기업들은 저임금 노동력에 안주하지 않게 됐다.

출처 : Porter(1990a : 453~479)

다이아몬드 모델을 통해 본 BRICs에 관한 기존 연구

1장에서 소개한 BRICs에 관한 기존 연구 문헌을 다이아몬드 모델을 통해 분석해 보면 74쪽에 제시한 표에서 볼 수 있는 바와 같이 다이아몬드 모델의 4가지 요소 중 일부, 특히 시장수요조건으로 치우친 관점을 취하고 있다는 사실을 알 수 있다. 즉 기존 연구는 BRICs를 거대한 인구, 급속한 경제 성장, 중산층 비율의 증가 등을 통해 새롭게 부상하는 소비 시장만으로 바라보고 있다.

기존 연구＼항목	생산요소조건	경영여건	관련 및 지원 산업	시장수요조건
Goldman Sachs(2003)	○	·	·	●
Goldman Sachs(2004)	·	·	·	●
주동주(2004)	○	○	·	●
김학기(2004)	·	·	·	●
KOTRA(2004)	·	·	·	●
신현준(2005)	·	·	·	●
Business Line(2005)	·	·	·	●
BusinessWeek(2005)	·	●	·	·
Financial Times(2003a)	·	·	·	●
Financial Times(2003b)	·	·	·	●
Financial Times(2004)	·	●	·	·

● : 주 내용, ○ : 보조 내용
출처 : 문휘창 · 김민영(2006)

요약

Porter는 국가경쟁력을 설명하는 다이아몬드 모델을 통해 200여 년간 지속되던 전통 경제학의 패러다임을 뒤집는 새로운 개념을 제시했다. Porter는 기존의 전통 이론과는 달리 국가의 번영은 부존자원에 의해서 결정되는 것이 아니라 새롭게 창조된다는 개념을 정립시켰다. 즉 지속적인 혁신과 품질 개선을 통해 어떠한 국가든지 경쟁력을 상승시킬 수 있다는 것이다. 이러한 새로운 관점에서 시작한 국가경쟁력에 대한 Porter의 접근방법은 다이아몬드 모델이라는 새로운 분석 방법을 탄생시켰다. Porter의 주장에 따르면, 국가의 경쟁력은 국가 내 산업의 생산성에 의해 결정되고, 산업의 생산성은 해당 산업의 국내 여건에 따라 결정된다. Porter는 이 국내 여건을 분석하는 틀로 생산요소조건, 시장수요조건, 관련 및 지원 산업, 기업의 전략, 구조, 경쟁관계를 제시했는데, 이들 4가 지 요소는 하나의 시스템으로서 다이아몬드 모델을 이룬다.

다이아몬드 모델에 관한 논쟁

【Porter 다이아몬드 모델에 대한 평가】

많은 논문이 Porter의 다이아몬드 모델은 경제 규모가 작은 국가들이 미국, 일본, 유럽 3개의 트라이어드(triad) 시장에 진출해야 하는 필요성이나 국가 특유의 제도적인 요소를 고려할 수 있도록 수정해야 한다고 주장한다. Rugman과 D'Cruz은 더블 다이아몬드 모델을 통해서 캐나다와 같이 경제 규모가 작은 국가의 경영자들은 글로벌 전략을 수립할 때 자국의 다이아몬드만을 고려하는 것이 아니라, 트라이어드의 다이아몬드도 함께 고려한다고 주장했다. Hodgetts 또한 멕시코와 미국의 사례를 통해 이와 유사한 주장을 펼치고 있다. 마지막으로 Cartwright는 실증적 연구와 개념적 연구를 절묘하게 결합해 더블 다이아몬드 모델을 Porter의 뉴질랜드 연구에 적용했다. 그는 Porter가 자기 스스로 자신의 문제점을 드러내고 있다고 주장했다. 즉 국제적으로 경쟁력이 있는 뉴질랜드의 낙농 산업은 더블 다이아몬드 모델을 통해서 설명할 수 있지만 Porter의 국내 단일 다이아몬드는 뉴질랜드에서 가장 성공하지 못한 산업들을 설명하고 있다.

(Rugman, 1993 : 5, 'Guest Editor's Introduction')

캐나다 학자들은 캐나다의 국제경쟁력에 관한 많은 연구를 해왔는데 이러한 이론적 실증적 연구는 Porter의 다이아몬드 모델을 대폭 수정한 새로운 틀을 바탕으로 이루어져야 한다. Porter의 저서에 나타난 방법론을 캐나다의 사례에 기계적으로 적용하면 캐나다의 국제경쟁력을 잘못 평가하게 된다. 즉 이는 내향 해외직접투자의 역할, 외국 기업이 소유한 캐나다 자동차 산업의 본질, 캐나다 자원 산업의 부가가치, 자유무역협정 및 기타 관련 사항 등을 무시하게 되는 결과를 낳게 된다. … 캐나다의 국내 다이아몬드에만 초점을 맞추게 되면 캐나다 국제경쟁력의 진정한 본질을 파악할 수 없는데 이는 캐나다의 국제경쟁력이 북미의 다이아몬드 내에서 이미 결정되기 때문이다. 자유무역협정으로 인해 북미 다이아몬드 내에 있는 캐나다 경영자들은 서비스 산업이나 제조업을 막론하고, 글로벌한 사고를 바탕으로 그에 부합하는 계획을 수립해야 한다.

(Rugman & D'Cruz, 1993 : 37, 'The "double diamond" model of international competitiveness : The Canadian experience')

국제경영분야의 저명한 저널 중 하나인 〈Management International Review〉는 1993년 'Extensions of the Porter Diamond Frame-work(Porter 다이아몬드 모델의 확장)' 라는 주제로 특별호를 발간했다. 'Guest Edi-tor's Introduction' 은 바로 이 특별호의 편집장인 Alan M. Rugman이 특별호에 실린 논문들의 주요 내용을 정리한 것이다. 여기서는 모두 한목소리로 Porter의 다이아몬드 모델을 수정해야 한다고 주장하고 있다. Rugman과 D'Cruz(1993)은 캐나다 사례를 통해 Porter의 다이아몬드 모델을 그대로 적용하면 국가경쟁력을 온전하게 평가할 수 없음을 보여주고 있다.

Adam Smith 이래 200여 년간 신봉되던 전통 경제학적 국가경쟁력 평가 모델을 혁명적으로 뒤엎은 Porter의 다이아몬드 모델이 왜 국가경쟁력 평가에, 특히 경제 규모가 작은 국가들의 경쟁력 평가에 문제가 되는 것일까? 이번 장에서는 Porter의 다이아몬드 모델에 대한 논쟁을 통해 그 해답을 찾아보려 한다.

1 다이아몬드 모델에 관한 **상반된** 견해

Porter는 세계 10개국 100개 산업에 대해 4년간 수행한 연구 결과를 바탕으로 다이아몬드 모델을 제시했다. 이 연구 결과는 855쪽에 달하는 방대한 분량의 책 《The Competitive Advantage of Nations》에 수록됐고 다음과 같은 호평을 받았다.

- 제목이 말해 주듯 이 책은 현대판 '국부론'이다. 이 책을 출판하는 'Free Press'는 이 책이 세상을 바꾼 Adam Smith의 업적을 새로운 버전에 담은 것이라고 홍보하고 있다(Ryan, 1990).
- 이 책은 길고 읽기도 힘들지만 반드시 읽어야 한다. 올해 비즈니스에 관한 서적을 한 권만 읽어야 한다면 그건 바로 이 책이다(Thain, 1990).

Porter는 《Competitive Strategy》(1980)를 저술한 후 금세기 가장 유명한 학자가 됐고 경영자나 정치인들 또한 그에게 많은 자문을 구했다. 그의 저서 《The Competitive Advantage of Nations》에 대한 격찬뿐 아니라 Porter에 대한 찬사 역시 다음과 같이 화려하다.

● 경영대학 교수들은 개성이 없고 내용도 별로 없으면서 화려한 말만 잘 한다는 식의 모욕을 종종 당하는데, 하버드 비즈니스 스쿨의 Porter 교수는 천재적인 스타로 자리매김했다. 그가 말을 하면 경영자들이나 정부 관료들은 경청한다(〈New York Times〉, September 19, 1992).

● Porter는 경쟁 전략 저술 분야에 광대한 업적과 경제학과 전략적 개념을 기업과 국가 전략에 적용하는 독특한 전체론적 방법을 통해 경쟁 전략 분야에서 타의 추종을 불허하는 리더가 됐다 ('Harvard Business School Bulletin', 〈Business Quarterly〉에서 요약 정리, Spring 1992, 12).

그러나 Porter에 대한 비판도 만만치 않다.

● Porter는 지역적으로 집중된 클러스터가 경쟁력 향상에 큰 역할을 할 수 있다고 주장했는데, Porter가 예로 든 이탈리아 타일 산업은 수입된 기계를 사용해서 국제적인 경쟁력을 확보했다. 나아가 클러스터의 대상이 될 부문을 결정하는 데 필연적으로 주관적이고 감정적인 판단이 개입될 수밖에 없다(Ryan, 1990).

● 캐나다 다국적 기업 대부분은 미국, 유럽, 그리고 일본에 대한 수출에 의존하고 있다. 사실 미국에서 평균 70% 이상 판매되기 때문에 캐나다 다국적 기업에게는 미국의 다이아몬드가 캐나다의 다이아몬드보다 더 적합할 것이다. (국내 다이아몬드만 고려하고 있는) Porter 모델의 이러한 약점은 캐나다에 기반을 두고 있는 기업뿐 아니라 모든 소규모 개방 국가에 기반을 두고 있는 다국적 기업들에도 적용되는 것으로, 이는 세계 90% 이상의 국가가 잠재적으로 Porter의 모델을 통해 설명될 수 없다는 것을 의미한다(Rugman, 1991).

Porter의 다이아몬드 모델이 그 혁명적인 패러다임으로 많은 찬사와 호평을 받았지만 학문의 세계가 그러하듯 그 자체가 완벽할 수는 없기 때문에 비판 또한 피할 수 없었다. 특히 다이아몬드 모델을 국가경쟁력의 범위 차원에서 많은 비판을 받았다. 국가경쟁력의 범위의 차원에서 Porter의 다이아몬드 모델에 대한 비판의 내용을 개략적으로 살펴보자.

비판의 주 내용은 이렇다. 즉 다이아몬드 모델의 기본 원칙은 훌륭하나 너무 국내에 치중되어 있어 다른 기준을 사용해 재정의해야 한다는 것이다(Dunning, 1993). 특히 소규모 국가의 경우 국내요소가 매우 제한되기 때문에 Porter의 단일 다이아몬드(single diamond)는 이들 국가에 적합하지 않다. 예를 들어 캐나다의 경우 캐나다만의 다이아몬드가 아니라 캐나다와 미국을 포함한 북미 통합 다이아몬드를 통해 접근하는 것이 타당하다(Rugman, 1991). 또한 국제 경쟁관계와 해외시장과 같은 국제적인 변수가 미국 소프트웨어 기업의 경쟁력에 미치는 영향력을 분석한 결과 이러한 사실은 경제 규모가 작은 국가들뿐 아니라 미국과 같이 커다란 규모를 지닌 국가에도 적용된다는 사실이 밝혀졌다(Moon and Lee, 1995).

Rugman과 D'Cruz(1993)는 더블 다이아몬드 모델을 통해 기업이 생존, 수익, 그리고 성장의 측면에서 국제적으로 경쟁력을 지니기 위해서는 경영자가 국내 및 국제 다이아몬드 양자 모두를 고려해야 한다고 주장했다. 비록 Rugman과 D'Cruz의 북미 다이아몬드 모델이 캐나다의 사례를 잘 설명해 주지만, 한국과 같은 소규모 국가에는 잘 들어맞지 않는다. 이에 Moon, Rugman, and Verbeke(1995, 1998, 2001)는 기존의 모델을 발전시켜 큰 규모의 국가뿐 아니라 경제 규모가 작은 국가에도 적용할 수 있는 모델을 제안했다.

이처럼 Porter의 다이아몬드 모델은 그 파격에 걸맞은 큰 반향을 일으켰고 많은 논쟁을 통해 국가경쟁력 분야의 학문적 발전에 크게 기여했다. 따라서 Porter의 다이아몬드 모델에 관한 여러 논쟁을 분석해 보면 세계화 시대에 국가경쟁력을 결정짓는 요소를 정확히 이해하는 데 큰 도움이 될 것이다.

먼저 Porter의 다이아몬드 모델에 관한 여러 논쟁 중 가장 핵심인 Porter와 Rugman의 논쟁을 살펴보자. Rugman이 먼저 Porter의 모델에 대해 비판을 했고, 이에 Porter와 Armstrong이 반박했으며, Rugman이 다시 반박했다. 이들 논쟁을 구체적으로 살펴보면 다음과 같다.

비판 : 미완의 다이아몬드

Porter와 모니터(Monitor) 컨설팅 회사가 '갈림길에 선 캐나다 : 새로운 경쟁 환경의 진실(Canada at the Crossroads : The Reality of a New Competitive Environment)'이라는 제목의 보고서를 발간한 후 학자들 사이에는 다이아몬드 모델에 대한 끊임없는 논쟁이 있었다. 특히 Rugman(1991)은 '미완의 다이아몬드(Diamond in the Rough)'라는 글에서 Porter의 보고서를 경제 규모, 해외직접투자, 경제발전 단계, 두 개의 외생 변수라는 네 가지 차원에서 비판했는데, 그 핵심 내용을 살펴보자.

경제 규모

Porter의 모델을 국내 경제 규모가 작은 캐나다의 사례에 적용하게 되면 피상적이고 잘못된 결과를 얻을 수밖에 없기 때문에 캐나다의 국제경쟁력을 정확히 분석하기 위해서는 Porter의 다이아몬드 모델에 대한 수정이 필요하다. 캐나다는 국내 경제는 미국의 10분의 1 수준에 불과하기 때문에 캐나다 대다수의 다국적 기업은 미국, 유럽, 일본 등지로의 수출에 의존하고 있다. 사실 70% 이상의 매출이 미국에서 일어나기 때문에 캐나다의 다국적 기업에는 미국의 다이아몬드가 캐나다의 다이아몬드보다 더욱 타당한 모델이다. 특히 미국과 캐나다 간의 자유무역협정을 통해 이러한 특징은 더욱 강화됐다. Porter 모델의 이러한 약점은 캐나다 기업뿐 아니라 모든 소규모 경제 국가에 기반을 두고 있는 다국적 기업들에도 적용될 수 있다. 이는 결론적으로 세계 90% 이상의 국가가 Porter의 모델을 통해 설명될 수 없다는 것을 의미한다.

해외직접투자

Porter의 다이아몬드 모델에서 발견되는 주요 개념상의 문제는 Porter가 해외직접투자(foreign direct investment)를 협의의 관점에서 바라보았다는 사실에서 원인을 찾을 수 있다. 그는 외향 해외직접투자(outward foreign direct investment)만 경쟁우위 창출에 도움이 된다고 정의했다. 나아가 그는 외국 기업의 지사는 경쟁력의 원천이 아니며, 내향 해외직접투자(inward foreign direct investment)가 모두 건전한 것은 아니라고 말하면서 외국 기업의 지사는 수입자이고 경쟁 열위의 원천이라고 주장했다. 그러나 이러한 주장들은 문제가 있는 것으로서 캐나다 학자들이 오랜 기간 동안 반박했다. 특히 외국계 기업이 실시한 연구 및 개발 활동은 캐나다 기업이 실시한 것과 크게 다르지 않다는 것이 밝혀졌다. 뿐만 아니라 캐나다에 있는 20개의 미국계 대기업 계열사들은 사실상 그들이 수입하는 만큼 수출한다(매출 대비 수출의 비율은 25%이고 매출 대비 수입의 비율은 26%다).

경제발전 단계

캐나다에서는 자원에 기반을 둔 클러스터들이 성공을 거두고 있는데, 이들 클러스터는 단지 자원을 사용하기만 하는 것이 아니라 클러스터 내부에서 부가가치를 창출한다. Porter는 캐나다가 경제발전의 첫번째 단계인 '생산요소 주도'의 경제 단계에 있다고 말했는데,

이는 사실과 다른 것으로 이러한 판단에 바탕을 둔 정책 권고안은 캐나다의 경제를 위험한 방향으로 이끄는 결과를 낳는다. 캐나다에서 천연자원이 갖는 역할에 대한 Porter의 견해는 시대에 뒤진 것이다. 그는 천연자원에 의존하는 것은 비숙련 노동자나 단순한 기술에만 의존하는 것만큼 나쁜 것이라고 주장했다. 그러나 캐나다의 많은 대기업은 천연자원의 비교우위를 자원 가공 분야의 기업 독점적 우위로 발전시켰고 이것이 바로 지속적인 경쟁우위의 원천이 됐다. 알칸(Alcan), 노란다(Noranda), 노바(Nova) 등의 기업이 좋은 사례다.

두 개의 외생 변수

마지막으로 Porter는 다이아몬드 모델에서 정부의 역할을 외생 변수화해 그 중요성을 과소평가했다. Porter의 모델에는 네 개의 내생 변수와 두 개의 외생 변수가 있는데 외생 변수는 기회(chance events)와 정부(government)로 구성된다. 이 네 가지 내생 변수와 두 개의 외생 변수는 경쟁우위의 다이아몬드 내에서 상호 작용하는데, 한 국가의 국가경쟁력은 이러한 상호 작용의 종류와 질에 의해 결정된다. 이 중에서 두 가지 외생 변수인 기회와 정부는 흥미로운 대조를 보여준다. 한 국가의 경쟁력에 대한 영향력을 고려해 볼 때 정부의 중요성은 재론의 여지가 없다. 이러한 정부의 역할을 기회라는 외생 변수와 동급에 놓을 수 없다.

반론 : Porter와 Armstrong의 반론

Porter와 Armstrong(1992)은 'Canada at the Crossroads : Dialogue' 에서 다이아몬드 모델의 타당성에 대해 논의한 여러 학자들의 견해를 간략히 평가한 후 Rugman의 비판적 의견에 대한 반론에 초점을 맞추었다. 그 핵심은 다음 세 가지 항목으로 요약할 수 있다.

경쟁의 범위와 경쟁우위의 근원

Rugman은 북미의 경제 상황에만 몰두한 나머지 다이아몬드 모델에 대한 이해가 부족했다. Rugman은 경쟁이 일어나는 무대로서의 지리적 범위(geographical scope, 예를 들어 북미 또는 세계)와 경쟁우위의 근원으로서 지리적 중심위치(geographical locus)를 구별하지 못했다. 즉 자동차 산업에서는 기업들이 세계를 무대로 경쟁하지만, 이러한 사실이 모든 국가의 자동차 생산업체에 동일하게 적용되는 '전세계적인 다이아몬드'가 있다는 것을 의미하지는 않는다. 일본 기업들의 높은 경쟁력이 좋은 본보기다. 일본 기업들의 성공은 강력한 국내(일본) 다이아몬드에 바탕을 둔 것으로, 일본의 국내 다이아몬드는 경쟁관계가 치열하고 소비자들의 수준이 높으며 관련 및 지원 산업도 크게 발달되어 있다.

다른 수준의 분석

한 국가 내 특정 지역, 심지어 도시들 간에도 경제적 수준은 현저히 다르다. 예를 들어 미국 내에서도 지역에 따라 생활 수준은 차이가 매우 큰데, 이러한 경제적 수준의 차이는 과거부터 지속돼 왔다. 이러한 점에서 단지 캐나다가 미국에 인접해 있다는 이유만으로 캐나다 국민이 높은 생활 수준을 향유할 것이라는 주장은 그 타당성을 의심할 수밖에 없다. 미국 각 주의 1인당 국민소득은 상이한 분포를 보이는데, 이는 바로 각 주의 주(state) 다이아몬드가 상이하기 때문이다. 미국의 주들이 많은 공통점을 가지고 있기는 하지만 주 사이의 상이성은 경쟁력과 소득 패턴에 강력한 영향을 미칠 정도로 매우 크다. 같은 맥락으로 미국과 캐나다 사이에는 많은 유사점이 있으나 제도, 역사, 문화, 정부 구조 및 정치, 경제 환경 등에서 상당한 차이가 있다. 이러한 차이로 인해 캐나다는 캐나다만의 다이아몬드를 형성하게 된다. 밴쿠버와 시애틀의 사례를 보면 이러한 상이성의 결과를 쉽게 이해할 수 있다. 시애틀의 소프트웨어 산업은 비약적으로 성장하고 있지만, 국경을 사이에 두고 단지 225킬로미터밖에 떨어져 있지 않은 밴쿠버에서는 그 규모가 훨씬 작다.

국내 산업 성장과 해외 아웃소싱

북미 다이아몬드를 기반으로 한 Rugman의 주장 중 가장 큰 문제는 교육, 훈련, 과학 및 기술 등의 분야에서 캐나다가 직면하고 있는 중요한 문제들을 단지 외국에서 이러한 요소들을 확보할 수 있다는 이유만으로 등한시하고 있다는 것이다. 사실 Rugman은 〈University of Toronto Bulletin〉에 실린 인터뷰에서 캐나다의 경제를 세계적인 수준으로 발전시키기 위해서는 해외로 눈을 돌려야지 국내 기술력 향상에 주력해서는 안 된다는 견해를 피력했다. 캐나다 사람들의 생활 수준은 캐나다 내에서 일어나는 활동에 달려 있기 때문에 캐나다 사람은 사활을 걸고 자국 환경의 수준에 관심을 가져야 한다. 문제는 가장 생산적인 경제 부문과 다른 산업에 가장 큰 파급 효과를 미치는 부문들을 어디에 위치시킬 것인가 하는 것이다. 이는 결국 캐나다 사람들의 임금과 자본 수익률을 결정짓게 된다. 이처럼 Porter와 Armstrong은 Rugman의 견해에 대해서 반박했다.

재비판 : Rugman의 재반박

이러한 Porter와 Armstrong의 반론에 대해 Rugman은 더블 다이아몬드(double diamond) 모델을 통해 Porter의 단일 다이아몬드(single diamond) 모델의 현실적 타당성에 대해 다시 반론을 재기했다. Rugman의 반박 내용을 정확히 이해하기 위해 먼저 더블 다이아몬드 모델에 대해 살펴보자.

　Rugman과 D'Cruz(1993)는 다음과 같은 논리를 통해 Porter의 단일 다이아몬드 모델의 한계를 지적하고 더블 다이아몬드 모델의 당위성을 주장했다. Porter는 기업이 국제적으로 성공하려면 국내 다이아몬드의 구성요소를 잘 활용해 지속적인 경쟁우위를 달성해야 한다고 주장했다. 그러나 이러한 주장은 미국, 일본, 유럽과 같이 국내 다이아몬드가 충분히 큰 규모를 갖추고 있는 경우에는 타당하지만 이러한 대국 이외에 경제 규모가 작고 무역 등을 통해 경쟁력을 확보해 나아가고 있는 국가들에는 적용할 수 없다는 한계가 있다. 따라서 이러한 국가의 경쟁력을 올바르게 평가하기 위해서는 이 국가들의 국내 다이아몬드와 이 국가들이 인접해 있는 트라이어드(미국, 일본, 유럽)의 다이아몬드를 동시에 고려해야 한다. 즉 자국의 다이아몬드와 트라이어드의 다이아몬드 두 개(더블 다이아몬드)를 동시에 고려해야 한다는 것이다.

Rugman과 D'Cruz(1993)는 캐나다의 사례에서 Porter가 주장한 단일 다이아몬드의 개념을 그림 3-1과 같이 도식화하고 있다. Rugman과 D'Cruz는 그림에 나타난 바와 같이 Porter의 캐나다 경쟁력 평가는 캐나다 국내 다이아몬드만을 고려하고 미국을 단지 수출 시장으로만 보고 있다고 지적하면서 캐나다의 경제 규모나 무역 관계 등을 고려할 때 이러한 관점에서는 캐나다의 경쟁력을 올바로 평가

그림 3-1 캐나다의 단일 다이아몬드 모델

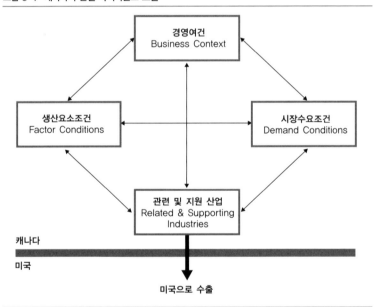

출처 : Rugman and D'Cruz(1993)

그림 3-2 캐나다의 더블 다이아몬드 모델

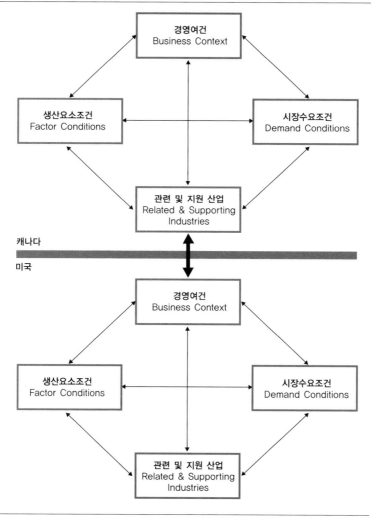

출처 : Rugman and D' Cruz(1993)

할 수 없다고 비판했다.

따라서 캐나다의 경쟁력을 정확히 평가하기 위해서는 캐나다와

미국의 국내 다이아몬드 두 개를 모두 고려해야 한다. Rugman과 D'
Cruz는 이를 위한 모델로서 그림 3-2와 같이 더블 다이아몬드 모델
을 제시했다.

이처럼 더블 다이아몬드 모델은 한 국가의 경쟁력을 결정짓는 요
소를 국내의 범위에서 국제적인 범위로 확장시킨 모델이다. 즉 더블
다이아몬드 모델은 국내 다이아몬드뿐 아니라 무역이나 해외직접투
자를 통해 자국의 국가경쟁력을 향상시킬 수 있는 다른 국가, 특히
트라이어드의 다이아몬드를 동시에 고려해야 국가경쟁력을 올바르
게 평가할 수 있다는 것을 보여주고 있다. Rugman은 더블 다이아몬
드 모델을 통해 Porter와 Armstrong(1992)이 사용한 세 가지 항목 각
각에 대해 다음과 같이 반박했다.

경쟁의 범위와 경쟁우위의 근원

Porter와 Armstrong은 "Rugman은 경쟁이 일어나는 무대로서의 지
리적 범위와 경쟁우위의 근원으로서 지리적 중심위치를 구별하지 못
했다"면서 두 가지 예를 들었다. 첫번째 예로 "자동차 산업에서는 기
업들이 세계를 무대로 경쟁하지만 일본 기업들은 강력한 국내 다이
아몬드를 통해 경쟁력을 확보했다"는 것을 주장했고, 두번째 예로는
"한 국가 내 특정 지역, 심지어 도시들 간에도 경제적 수준은 현저한
차이를 보이는데, 이러한 점에서 단지 캐나다가 미국에 인접해 있다
는 이유만으로 캐나다 국민이 높은 생활 수준을 향유할 것이라는 주
장은 그 타당성을 의심할 수밖에 없으며" 특히 "미국 내에서도 지역

에 따라 생활 수준은 급격한 차이"를 보이고 있고 "시애틀의 소프트웨어 산업은 비약적인 성장을 하고 있지만 밴쿠버에서는 그렇지 않다"는 사실을 제시했다.

그러나 Porter와 Armstrong이 제시한 이 두 가지 예는 모순적이게도 Porter의 단일 다이아몬드 모델보다 더블 다이아몬드가 분석의 틀로서 더 효과적이라는 것을 반증한다. 우선 캐나다의 자동차 산업은 자동차 협약(auto pact)이라는 제도화된 더블 다이아몬드를 통해 미국의 자동차 산업과 완전히 통합되어 지난 25년간 발전해 왔다. 캐나다는 고립된 단일 다이아몬드를 지닌 일본과는 달라서 지리적 이점과 자동차 협약의 이점을 십분 활용해 국내 소규모 다이아몬드의 한계를 극복할 수 있었다. 둘째, 시애틀과 비교했을 때 밴쿠버의 소프트웨어 산업의 규모가 상대적으로 더 작은 것은 보잉(Boeing)사가 시애틀에 있기 때문이다. 문제는 보잉사의 존재를 미국 다이아몬드의 어떠한 조건으로 설명할 수 있는가라는 것으로, 보잉사가 밴쿠버가 아닌 시애틀에 존재하는 이유를 밝혀야 한다. 그러나 이는 밴쿠버가 소재해 있는 브리티시컬럼비아(British Columbia) 주의 경쟁력을 밝히는 것에는 별로 적합하지 않은 방법이다. 이를 위해서는 임업 생산품과 새롭게 떠오르는 하이테크 산업에 대한 분석이 필요하다. 결국 글로벌 경쟁 전략의 관점에서 본다면 캐나다 기업들이 보유하고 있는 경쟁우위의 원천은 캐나다 국내 다이아몬드보다 훨씬 크다는 것을 알 수 있다.

다른 수준의 분석

다이아몬드 모델에 관한 논쟁의 핵심은 바로 다이아몬드의 크기다. 다이아몬드의 크기, 즉 다이아몬드 모델의 분석 수준이 반드시 국가여야만 하는가? Porter와 Armstrong은 다이아몬드 모델의 분석 수준이 주(state)의 수준까지 내려갈 수 있다고 인정했고, Rugman 또한 국가의 하위 다이아몬드라는 관점에서 볼 때 이 점에 동의한다. 그러나 Porter와 Armstrong은 동일한 논리를 적용해 국경을 넘어서는 더블 다이아몬드를 도출할 수 있다는 사실을 알지 못하는 것 같다.

캐나다와 뉴질랜드와 같이 경제 규모가 작은 국가에서는 글로벌 전략의 목적을 달성하기 위해 다이아몬드를 확대 적용하는 것이 일반적인 현상이다. 이제는 영국조차 유럽연합의 다이아몬드를 무시할 수 없는 상황이다. 캐나다 기업이 미국과 관련된 더블 다이아몬드를 갖고 있듯이, 영국 기업들 또한 유럽연합과 관련된 더블 다이아몬드를 갖고 있다. 따라서 다이아몬드를 꼭 국가 수준에만 적용해야 하는 것은 아니다. 그 수준은 기업의 전략에 의해 결정되는 것으로 다국적기업은 국경을 넘어선 수준에 다이아몬드 모델을 적용해야 한다. 결국 Porter와 Armstrong이 강력히 주장한 경쟁의 범위와 경쟁우위의 근원(geographic scope and geographic locus)이라는 이분법은 다국적기업에 있어 사실상 무의미하다.

국내 산업 성장과 해외 아웃소싱

Porter와 Armstrong은 또한 "북미 다이아몬드를 기반으로 한 Rugman의 주장 중 가장 큰 문제는 교육, 훈련, 과학 및 기술 등의 분야에서 캐나다가 직면하고 있는 중요한 문제들을 단지 외국에서 이러한 요소들을 확보할 수 있다는 이유만으로 등한시하고 있다는 것이다"라고 비판하는데, 이 역시 잘못된 분석이다. 더블 다이아몬드의 가장 중요한 핵심은 다이아몬드가 두 개 있다는 것이다. 따라서 Rugman 또한 북미 다이아몬드의 절반을 차지하는 캐나다 다이아몬드를 반드시 향상해야 한다고 확신하고 있으며, 결코 국내 다이아몬드의 수준을 향상시키기 위한 정책들을 무시해도 좋다고 주장한 것은 아니다. 사실 이러한 관점에서 볼 때 Rugman은 Porter의 보고서와 그 제안 사항에 공감하고 있다. 그러나 문제의 핵심은 그 분석 방법에 있다. Porter와 Armstrong은 Rugman이 주장한 북미 다이아몬드가 마치 미국만의 다이아몬드를 의미한다는 것으로 생각하는 것 같지만 사실 그렇지 않다. 경제적 목적을 달성하기 위해 미국 시장을 활용한다고 해서 캐나다의 주권이 속박받는다거나 캐나다의 다이아몬드를 향상시키기 위한 정책의 필요성이 감소하는 것은 아니다. 그러나 캐나다 국내 다이아몬드에만 초점을 맞춘다면 캐나다 경제를 국제적으로 경쟁력이 있는 수준으로 발전시킬 수 없다.

2

논쟁에 대한 **평가**

        지금까지 살펴본 Porter와 Rugman의 논쟁을
정리해 보면 논점에 대한 두 사람의 접근 방법이 다르다는 것을 알
수 있다. 이제 접근방식의 본질을 이해하면 논쟁의 내용을 더욱 명
쾌하게 파악할 수 있다. 《Competitive Strategy》, 《The Competitive
Advantage of Nations》라는 책 제목에서 알 수 있듯 Porter는 경쟁
을 바탕으로 한 기업 및 국가의 전략에 초점을 맞춘다. 반면 Rug-
man은 단지 경쟁에서 승리하는 방법보다는 다국적 기업의 이성적
행동을 이해하는 데 초점을 맞춘다. Rugman은 다국적 기업이 필요
에 따라 해외시장과 자원을 활용하고 있다는 사실을 통해 다국적기
업에게 국경은 더 이상 존재하지 않는다는 점에 초점을 맞추고 있
다. 이러한 관점에서 본다면 국가경쟁력을 결정짓는 요소를 국내적

차원에 한정하고 있는 Porter의 다이아몬드 모델은 Rugman을 비롯한 국제경영학자들에게는 다소 부족한 면이 있는 것으로 보일 수밖에 없다.

Porter(1990)의 주장에 따르면 국가는 국내 '다이아몬드'가 가장 좋은 조건을 제공하는 산업이나 산업 부문에서 성공할 가능성이 가장 높은데, Rugman(1991)은 이러한 Porter의 주장이 미국과 같이 경제 규모가 큰 국가에는 잘 들어맞지만 캐나다와 같이 경제 규모가 작은 국가에서는 설득력이 떨어진다고 비판했다. 이에 Rugman과 D'Cruz(1992)는 캐나다의 경영자들이 경쟁력 있는 전략을 수립하기 위해서는 더블 다이아몬드 모델 통해 캐나다의 다이아몬드뿐 아니라 미국의 다이아몬드도 고려해야 하며 이 두 다이아몬드를 모두 아우르는 전략을 수립해야 한다고 제안했다.

앞서 살펴본 논쟁의 핵심은 단일 다이아몬드와 더블 다이아몬드 중 어떤 것이 옳으냐의 문제인 것처럼 보이지만 Porter와 Rugman 간의 논쟁에 깔려 있는 요점은 국가경쟁력 분석에서 국제적인 요소를 고려해야 하는가의 문제다. Rugman이 주장한 내용의 핵심은 Porter의 다이아몬드 모델이 국제적인 요소를 포함할 수 있도록 확장해야 한다는 것이다. Porter 또한 국제요소의 중요성을 잘 인식하고 있었으나 경쟁의 범위와 경쟁우위의 근원이라는 개념을 통해 Rugman의 주장을 반박하면서 국제적인 요소를 적극적으로 수용해 모델을 확장시키지는 않았다.

이러한 내용이 사소한 것처럼 보일 수 있으나 그 영향력은 매우 크다. 만일 Porter의 주장이 맞는다면 다이아몬드는 국내 수준에 적용되어 그에 따른 적절한 산업 정책이 수립되지만, Rugman이 옳다면 캐나다는 캐나다의 다이아몬드뿐 아니라 북미 다이아몬드도 함께 고려해야 하고 이러한 관점에서 미국과의 경제 통합은 더 많은 비중을 차지할 것이다(Ballinger, Dialogue 1992). 캐나다는 어디로 가야 하는가? 국내 다이아몬드에는 세계 수준의 시장수요조건이나 세계 수준의 경쟁관계가 없기 때문에 Porter의 다이아몬드 모델을 있는 그대로 해석한다면 캐나다는 발전의 기회를 잃게 된다(Stewart, Dialogue 1992).

Porter의 다이아몬드 모델이 지니고 있는 또 하나의 문제는 그 예측력이다. Cartwright(Dialogue 1992)의 뉴질랜드 연구 결과에 따르면, 수출 의존적이고 자원에 기반을 둔 국제 경쟁 산업에서는 Porter의 다이아몬드 모델의 예견력이 떨어지는데, 이는 국내 다이아몬드 모델에는 국제적인 경쟁을 설명할 수 있는 변수들이 결여되어 있기 때문이다. Thain(1992)은 Rugman을 비판하면서도 국제요소의 중요성을 인식해 모든 다이아몬드는 다소 겹쳐져 있으며 필연적으로 글로벌 시스템에 연결되어 있다는 것을 알아야 한다고 주장했다.

이처럼 글로벌화된 현대 경제에서 국제요소의 중요성은 간과할 수 없기 때문에 국가경쟁력을 명확히 평가하기 위해서는 국제요소가 Porter의 다이아몬드 모델에 포함되어야 한다. 결국 Porter의 단일 다이아몬드는 최종안이 아니다. Rugman의 더블 다이아몬드 모델 또한 최종안은 아니다. 사회과학에서 수정이나 확장 없이 한 번에 완벽한 이론을 도출하는 것은 불가능하다.

Porter의 다이아몬드 모델에 대해서는 국제요소를 포함시키는 것외에도 논의할 사항들이 남아 있다. 첫째, 국가경쟁력을 어떻게 활용할 것인가의 문제다. 즉 다이아몬드 모델의 각 요소별 경쟁력을 실질적으로 측정할 수 있는 방안을 찾아야 한다. 둘째, 다이아몬드를 구성하고 있는 각 요소에 따라 국제화의 필요성이 서로 다른지, 다르다면 어떻게 다른지에 대한 문제를 해결해야 한다. 일례로, Stewart(Dialogue 1992)는 생산요소조건과 관련 및 지원 산업은 국내 수준의 분석이 적합하지만 나머지 시장수요조건 및 경쟁은 국제적인 수준에서 분석해야 한다고 주장했다. 그러나 어떤 다국적 기업은 해외에 있는 생산요소조건을 이용하거나 해외 관련 산업을 활용하기도 하는데, 이는 또한 산업과 국가의 특성에 따라 그 정도가 다르다. 따라서 좀더 종합적인 논의가 이루어져야 한다. 마지막으로 다이아몬드 모델의 두 가지 외생 변수인 기회와 정부의 위상에 대한 문제를 해결해야 한다. Porter(1990)는 정부의 실질적인 역할은 다이아몬드 모델의 네 가지 내생 변수에 영향을 주는 것이기 때문에 정부를 내생 변수로 포함시키는 것이 옳지 않다고 주장하고 있으나 《The Competitive Advantage of Nations》의 4장에 있는 그림 4-1에서 4-4를 보면 이 변수들은 모두 서로 영향을 주고받고 있다. 정부를 내생 변수로 포함시키거나 다이아몬드의 중앙에 위치시켜야지 정부를 단지 외생 변수로 취급하는 것은 적합하지 않다.

　Rugman은 Porter의 다이아몬드 모델에 내재된 한계점과 그 확장 가능성에 대한 논의를 불러일으켰고 더블 다이아몬드 모델을 통해 국제요소를 효과적으로 포함시킴으로써 Porter의 다이아몬드 모델을 발전시켰다. 그러나 이야기는 아직 끝나지 않았다. Rugman의 더블 다이아몬드 모델 또한 아직 해결되지 않은 문제점을 안고 있는데 4장에서는 문제점의 실체와 그 해결 방안에 대해 논의해 보자.

Porter의 단일 다이아몬드 모델에 대한 의견

Porter의 다이아몬드 모델은 국가의 경쟁우위 창출에 있어 생산 및 마케팅 활동에서 일어나고 있는 세계화의 중요성을 과소평가하고 있다. 이는 다국적 기업이 국경을 넘어서 부가가치 창출 활동을 지속적으로 증가시키고 있기 때문인데, 이러한 활동들은 직·간접적으로 개별 국가의 다이아몬드를 구성하고 있는 요소들에 영향을 미친다 (Dunning, 1993 : 7, 'Internationalizing Porter's Diamond').

자원 기반 산업과 무역 의존 산업의 자료를 통해 Porter의 다이아몬드 모델을 실증 분석한 결과, 이러한 산업에서는 다이아몬드 모델의 타당성에 대한 의심을 감출 수가 없었다. 동일한 자료를 다중연결 다이아몬드(multiple linked diamonds) 모델을 통해 분석하자 더 나은 결과를 얻을 수 있었다(Cartwright, 1993 : 55, 'Multiple linked "diamonds" and the international competitiveness of export-dependent industries : The New Zealand experience').

더블 다이아몬드의 사례

Porter의 다이아몬드 모델을 통해 분석한 다이아몬드를 트라이어드(Triad)에 연결하면 트라이어드가 아닌 국가들이 경쟁우위를 발전시킬 수 있었던 배경을 설명할 수 있다. 멕시코는 이러한 사례의 전형이다. … 멕시코는 지속적인 경제 성장을 위해 국제경쟁력을 발전시켜야 한다. 멕시코는 특히 미국 시장을 통해 이러한 목표를 달성하고 있는데, 미국을 단지 수출을 위한 시장으로만 보는 것이 아니라 국내시장의 일부로 생각하고 있다(Hodgetts, 1993 : 46, 'Porter's diamond framework in a Mexican context').

요약 Porter가 자신의 저서(1990)와 캐나다의 경쟁력에 대한 보고서(1991)를 출판한 이래, 다이아몬드 모델과 이 모델을 현실에 적용하는 것에 관한 논쟁이 계속되어 왔다. 이 장의 1절에서는 Porter의 모델에 대한 찬성과 반대의 의견을 요약하고 Porter와 Rugman 사이의 논쟁을 조명했다.

'미완의 다이아몬드'라는 첫번째 글에서 Rugman은 Porter의 단일 다이아몬드에 두 가지 오류가 있다고 주장한다. 첫째, 다이아몬드 모델은 기업의 국제적인 활동을 적합하게 다루고 있지 않으며, 둘째, 정부의 역할이 과소평가되어 있다는 것이다.

Porter와 Armstrong은 Rugman이 경쟁이 일어나는 무대로서 지리

적 범위(예를 들어 북미와 세계), 경쟁우위의 근원으로서 지리적 중심
위치를 구분하지 못했다고 응수했다. 예를 들어 자동차 산업에서는
기업들이 세계를 무대로 경쟁하지만 일본 기업들은 강력한 국내 다
이아몬드를 활용해 성공했다는 것이다. 이에 대해 Rugman은 더블
다이아몬드 모델을 제시하면서 경쟁의 범위와 지리적 중심이라는
이분법은 의미가 없다고 Porter와 Armstrong의 주장을 반박했다.
Rugman은 다이아몬드 모델의 분석 수준이 반드시 국내 수준에 한
정되는 것은 아니며 그 수준은 기업의 전략에 의해 결정되는 것이
므로, 다국적 기업은 국경을 넘어선 수준의 다이아몬드 모델을 적
용해야 한다고 주장했다.

다이아몬드 모델의 확장 1 : 경쟁력의 범위

【몇 개의 다이아몬드가 필요한가】

한국의 수출입 대상국

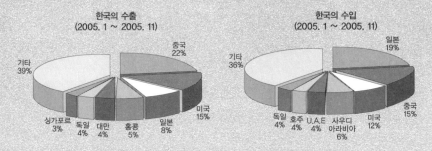

한국의 수출
(2005. 1 ~ 2005. 11)

한국의 수입
(2005. 1 ~ 2005. 11)

출처 : 한국무역협회, 2005년 1월~11월

더블 다이아몬드로 본 한국의 국가경쟁력

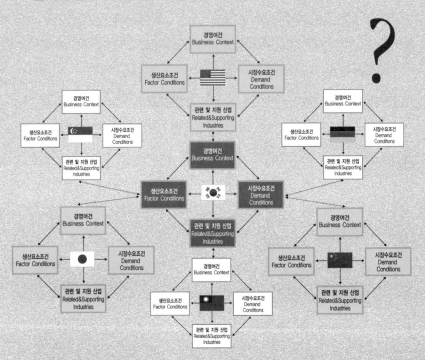

2005년 한국의 수출입 현황을 보면 미국, 중국, 일본이 전체의 약 45%를 차지하며 그 외 대만, 홍콩, 독일, 싱가포르, 호주, 사우디아라비아 등이 주요 교역 대상국임을 알 수 있다. 3장에서 살펴본 바와 같이 한 국가의 경쟁력을 명확히 평가하기 위해서는 국내 다이아몬드뿐 아니라 무역이나 해외직접투자를 통해 자국의 국가경쟁력을 향상시킬 수 있는 나라들의 다이아몬드 또한 고려해야 한다. Rugman과 D'Cruz(1993)는 이러한 관점에서 캐나다와 미국의 사례를 통해 더블 다이아몬드 모델을 제시했는데, 특히 트라이어드(미국, 일본, 유럽)의 중요성을 강조해 국제요소로서 트라이어드의 다이아몬드를 고려해야 한다고 주장했다(Rugman and D'Cruz, 1993 : 19). 그러나 수출입 현황에서도 알 수 있는 바와 같이, 한국의 경우 트라이어드 중 미국과 일본 모두 교역 비중이 높으며 특히 트라이어드에 속하지 않은 중국과의 교역 또한 매우 높다. 나아가 이들 국가뿐 아니라 전체 교역량의 절반 이상을 차지하는 나머지 국가들과의 관계 또한 무시할 수 없는 상황이다. 따라서 Rugman과 D'Cruz가 캐나다의 사례를 통해 제시한 더블 다이아몬드의 논리를 한국에 그대로 적용하면 한국의 국가경쟁력을 평가하기 위한 다이아몬드는 이중이 아니라 삼중 다이아몬드(triple diamond), 사중 다이아몬드(quadruple diamond)를 넘어 몇 개의 다이아몬드를 그려야 할지 모르는 상황에 직면할 것이다. 이렇게 되면 한 국가의 경쟁력을 평가하기 위해 국제요소를 모두 고려한다는 것이 현실적으로 거의 불가능해진다. 즉 Porter의 국내 다이아몬드를 국제적 차원으로 확장한 Rugman과 D'Cruz의 더블 다이아몬드 모델은 이론적으로는 매우 타당하지만, 그 개념 자체를 현실에 바로 적용하기에는 아직 해결되지 않은 문제가 남아 있는 것이다. 4장에서는 포도송이처럼 되어버릴 한국의 더블 다이아몬드를 현실적으로 활용할 수 있는 방안에 대해 함께 논의해 보자.

1

일반화된 **더블 다이아몬드**(GDD) 모델

　　3장에서 논의한 바와 같이 Porter의 다이아몬드 모델은 국가경쟁력의 범위를 국내요소에만 한정하는 문제점을 지니고 있었기 때문에 Rugman과 D'Cruz는 이를 더블 다이아몬드 모델로 확장시킴으로써 국제요소를 포함시켰다. 더블 다이아몬드(double diamond) 모델은 북미 다이아몬드를 통해 캐나다의 국가경쟁력을 효과적으로 설명하는 것과 같은 사례로 그 타당성을 입증할 수 있었다. 그러나 글로벌화된 세계 경제 체제에서 Rugman과 D'Cruz(1993 : 19)가 주장한 바와 같이 더블 다이아몬드 모델을 통해 인접한 트라이어드의 다이아몬드만을 고려한다면 국가경쟁력을 올바르게 평가할 수 없다. 뿐만 아니라 최근에는 해외직접투자 분야에서도 선진국에서 후진국으로 일방적인 흐름이었던 종래의 획일적인 방식을 탈피해 후진국에서 선진국으로의 투자(Moon and Roehl, 2001) 및 후진국과 후진국(South-South) 간의 투자 또한 활발히 일어나고 있다(Battat and Aykut, 2005). 이는 결국 트라이어드뿐 아니라 글로벌 경제 체제 내에서 한 국가와 관계를 맺고 있는 모든 국가의 다이아몬드를 고려해야 국가경쟁력을 정확히 파악할 수 있다는 것을 의미한다. 이러한 관점에서 Rugman과 D'Cruz의 더블 다이아몬드 모델을 그대로 적용하면 이 장의 서두에서 논의한 한국의 사례에서처럼 포도송이 같이 무수히 많은 다이아몬드를 분석해야 한다. 따라서 더블 다이아몬드의 논리를 유지하면서 글로벌 경쟁 환경에 부합하도록 국가경쟁력을 구성하는 국제적 요소를 효율적으로 평가할 수 있는 모델이 필요하다.

GDD 모델의 도출

오늘날과 같은 글로벌 경쟁 환경에서는 국적 국가의 크기나 경쟁력에 관계없이 모든 기업은 글로벌 경쟁에서 살아남아야 한다. 작은 국가의 기업이나 그 국가에서 활동하고 있는 다국적기업의 경우 규모의 경제, 범위의 경제(economies of scope), 위험 감소 등의 목적을 달성하기 위해 글로벌 경제 참여에 많은 비중을 둔다. 소국뿐 아니라 미국, 일본, 유럽과 같이 경제 규모가 큰 국가의 기업 역시 생존을 위해서는 자국의 시장만을 겨냥해서는 안 된다. 즉 국가의 규모에 관계없이 오늘날의 기업들은 글로벌 경쟁에서 살아남아야 하고 이를 위한 경쟁력을 확보하기 위해서는 국내 다이아몬드뿐 아니라 국외 다이아몬드를 적극 활용해야 한다. 결국 특정 국가의 기업이 성공을 거두었다면, 그 기업은 자국의 다이아몬드뿐 아니라 글로벌 경제에 참여하는 다른 나라의 다이아몬드들을 잘 활용한 것이다. 이러한 국외 다이아몬드의 집합을 글로벌 다이아몬드(global diamond)로 정의할 수 있다.

그림 4-1은 글로벌 다이아몬드와 국내 다이아몬드의 관계를 보여준다. 실선으로 되어 있는 다이아몬드($F_gS_gR_gD_g$)는 글로벌 다이아몬드를 나타내고, 점선으로 되어 있는 다이아몬드($F_dS_dR_dD_d$)는 국내 다이아몬드를 묘사하고 있다. 글로벌 다이아몬드의 크기는 고정되어 있지만 국내 다이아몬드의 크기는 국가의 크기 및 경쟁력에 따라 변화한다.

예를 들어 앞서 논의한 캐나다와 석유 수출이 국가경쟁력의 핵심인 중동의 저개발 국가의 경쟁력을 살펴보면 그림 4-2에서 볼 수 있는 바와 같다. $F_lS_lR_lD_l$는 저개발 국가(LDC)의 다이아몬드를 의미하고 $F_cS_cR_cD_c$는 캐나다의 다이아몬드를 표현하고 있다. 생산요소조건에서는 양 국가 모두 풍부한 천연자원을 보유하고 있으나, 캐나다가 더 많은 숙련 노동력을 확보하고 있기 때문에 높은 점수를 받는다. 생산요소조건을 제외한 나머지 요소에서도 캐나다가 더 발전된 요건을 갖추고 있기 때문에 더 높은 점수를 얻는다. 이렇게 산출된 다이아몬드의 각 요소별 점수를 계산하면 다이아몬드의 크기를 구할 수 있으며 이를 통해 국가 간 경쟁력을 비교할 수 있다. 그림에서 보는 것처럼 캐나다는 중동의 저개발 국가보다 큰 다이아몬드를 갖고 있다. 이를 통해 캐나다가 더 경쟁력이 있다는 것을 알 수 있다. 뿐만 아니라

그림 4-1 글로벌 다이아몬드와 국내 다이아몬드

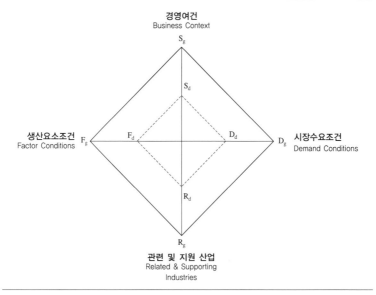

경영여건
Business Context

S_g

S_d

생산요소조건 F_g F_d D_d D_g 시장수요조건
Factor Conditions   Demand Conditions

R_d

R_g

관련 및 지원 산업
Related & Supporting
Industries

출처 : Moon, Rugman, and Verbeke(1995)

캐나다는 캐나다-미국 간 자유무역협정과 북미자유무역협정을 통해
북미 다이아몬드를 활용함으로써 다이아몬드의 크기를 더욱 확대시
킬 수 있다. $F_{c\_n}S_{c\_n}R_{c\_n}D_{c\_n}$은 북미다이아몬드를 통해 확대된 캐나
다의 다이아몬드를 나타내고 있다. 글로벌 다이아몬드를 의미하는
$F_gS_gR_gD_g$과 $F_{c\_n}S_{c\_n}R_{c\_n}D_{c\_n}$ 사이의 빈 공간은 캐나다가 자국의 다이
아몬드와 북미의 다이아몬드 이외의 다른 지역이나 국가의 다이아몬
드를 활용해 경쟁력을 향상시킬 수 있는 기회의 공간을 의미한다. 예
를 들어 캐나다가 ASEAN의 다이아몬드를 적극 활용해 경쟁력을 높
인다면 캐나다의 다이아몬드는 $F_gS_gR_gD_g$와 $F_{c\_n}S_{c\_n}R_{c\_n}D_{c\_n}$ 간 임의
의 지역에서 형성될 것이다.

그림 4-2 캐나다와 저개발 국가의 다이아몬드

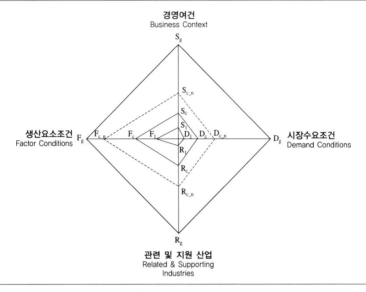

출처 : Moon, Rugman, and Verbeke(1995)

이처럼 한 국가의 외부에 존재하는 다이아몬드를 고려할 때 개별 국가의 다이아몬드를 더블 다이아몬드 모델에서처럼 국내 다이아몬드와 일대일의 관점에서 보지 않고 자국의 다이아몬드를 확대해 글로벌 다이아몬드로 수렴해 가는 일반화(generalized)의 과정으로 이해한다면 일반화된 더블 다이아몬드 모델(generalized double diamond model : GDD)을 도출할 수 있다. 이 모델을 적용하면 더블 다이아몬드에서 제기됐던 다이아몬드의 수가 무수히 많아지는 문제를 해결할 수 있다.

GDD 모델과 한국의 국가경쟁력

이 장의 서두에서 논의한 한국의 국가경쟁력 사례를 GDD 모델을 통해서 분석해 보면 그림 4-3과 같이 해결할 수 있다. 즉 미국, 일본, 중국 등의 다이아몬드를 한국의 다이아몬드와 하나씩 연결하는 방법이 아니라, 국외 다이아몬드를 통해 얻을 수 있는 한국의 경쟁력 증가분만큼 한국 다이아몬드를 키워가는 방식으로 한국의 다이아몬드를 확장시켜 궁극적으로는 글로벌 경제체제에 참여하는 모든 국가의 경쟁력으로 구성된 글로벌 다이아몬드로 수렴해 가는 방식으로 이해하면 된다.

먼저 미국의 다이아몬드를 통해 얻을 수 있는 한국의 경쟁력 증가

그림 4-3 GDD 모델로 본 한국의 국가경쟁력

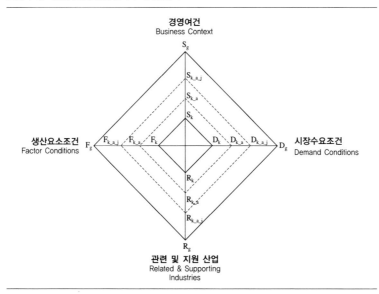

분만큼(ΔD_a) 한국의 다이아몬드를 확대시킨다($D_k + \Delta D_a = D_{k\_a}$). 여기에 일본의 다이아몬드를 통해 얻게 되는 경쟁력의 증가분(ΔD_j)을 추가한다($D_k + \Delta D_a + \Delta D_j = D_{k\_a\_j}$). 이러한 방법을 반복하면 글로벌 경제 체제에서 한국과 관계를 맺고 있는 모든 국가와의 국제적인 관계를 통해 증가된 한국 다이아몬드의 실체를 파악할 수 있다. 또한 이렇게 도출된 한국의 GDD와 글로벌 다이아몬드 사이에 남아 있는 공간은 한국이 국제화를 통해 국가경쟁력을 증가시킬 수 있는 가능성을 보여주는 것이므로 이를 통해 국제화의 당위성을 다시 한번 확인할 수 있다.

그림 4-3에서 살펴본 한국의 GDD를 수식으로 정리하면 다음과 같다.

$$GDD_k = D_k + \sum_{f=1}^{n} \Delta D_f$$

D : 다이아몬드의 크기(diamond)
k : 한국(korea)
f : 국제 경제에 참여하는 해외 국가
n : 한국과 국제 관계를 맺은 국가 수
ΔD_f : 글로벌화를 통해 한국 다이아몬드의 크기를 증가시키는 국외 다이아몬드의 기여도

이론적인 측면에서 GDD 모델은 Porter의 다이아몬드 모델과 비교해 두 가지 측면에서 중요한 함의를 제공한다. 첫째, 특정 국가에서 지속적인 부가가치를 창출하기 위해서는 국내 기업뿐 아니라 국내에서 활동하는 해외 기업의 역할도 매우 중요하다는 것이다. 이 점

에서 Porter는 '경쟁의 범위와 경쟁우위의 중심위치' 라는 개념으로 주장했듯이(Porter and Armstrong, 1992) 국가경쟁력에 해외요소를 반영하지 않았다. 둘째, 기업이 지속적으로 경쟁력을 확보하기 위해서는 여러 국가에 걸쳐 두루 진출해 개별 국가에 존재하는 기업 특유의 우위(firm specific advantage)와 지역 특유의 우위(location specific advantage)가 상호 보완적인 관계를 이루도록 해야 한다는 것이다. 반면 Porter(1986, 1990)는 가장 효과적인 글로벌 전략이란 기업의 가치사슬 내 여러 활동을 최대한 한 곳에 집중시키고 이곳에서 최대한 많은 국가의 시장에 공급하는 것이라고 주장했다. Porter가 주장하는 이러한 글로벌 전략은 바로 수출을 의미하는 것이고, 그의 논리는 다국적 기업이 실행하고 있는 진정한 의미의 글로벌 전략을 고려하지 않은 것이다(Moon, 1994).

GDD 모델은 Porter의 다이아몬드 모델을 발전시키는 과정에 두 가지를 기여했다. 첫째, 국가경쟁력에 중요한 영향을 미치는 국제요소를 다이아몬드 모델 안으로 포함시켰다. 둘째, 개별 국가의 다이아몬드를 계량적으로 측정해 그 크기와 모양을 비교함으로써 국가경쟁력의 위상을 파악할 수 있게 됐다. 나아가 여러 전략적 함의를 도출할 수 있게 됐다.

2 GDD 모델을 통한 실증 분석
한국과 싱가포르의 국가경쟁력 분석

Porter(1990)는 그의 저서 《The Competitive
Advantage of Nations》에서 선진국 8개 나라와 신흥공업국(newly
industrialized countries : NICs) 2개 나라에 대해 연구했는데, 2개 신흥
공업국은 바로 한국과 싱가포르다. Porter는 한국이 곧 선진국 대열
에 합류할 것으로 보는 등(Porter, 1990 : 383), 한국 경제의 미래에 대
해 매우 긍정적이었다. 반면 싱가포르는 경제발전의 초기 단계인 생
산요소 주도의 경제발전 단계(factor-driven economy)에 계속 머무를
것으로 예상하는 등(Porter, 1990 : 566), 한국만큼 긍정적인 견해를 보
이지는 않았다. 그러나 주지하다시피 싱가포르는 한국보다 월등한
경제 성장을 이루었다. 이러한 현실을 고려해 볼 때 Porter의 다이아
몬드 모델의 타당성에 대한 의구심을 감출 수 없다. 결국 지금까지 논

의한 바와 같이 국가경쟁력의 범위를 국내로 한정하고 있는 Porter의 모델에서 그 원인을 찾을 수 있다. 이번 절에서는 Moon, Rugman, and Verbeke(1998, 2001)를 통해 이러한 사실을 실증적으로 검토해 보자.

국가경쟁력의 국제요소

Porter가 싱가포르 경제의 잠재력을 과소평가한 원인은 국가경쟁력에 있어 국제요소의 역할을 제한적인 것으로 인식하는 그의 다이아몬드 모델에서 찾을 수 있다. 그는 싱가포르가 저렴한 임금, 우수한 노동력, 잘 발달된 인프라 등을 활용하기 위해 진출한 다국적 기업의 생산 기지일 뿐이라고 주장했다. 즉 Porter는 싱가포르의 경쟁우위를 대부분 지리적 조건이나 노동력과 같은 기본요소라고 생각했는데, 이러한 요소들을 국가경쟁력 향상에 큰 도움을 주지는 못한다. 그러나 싱가포르는 신흥공업국 중 가장 성공적인 국가이고 이러한 성공의 배경에는 내향 해외직접투자(inward foreign direct investment)와 외향 해외직접투자(outward foreign direct investment)가 자리잡고 있다. 싱가포르는 내향 해외직접투자를 통해 자본과 기술을 확보할 수 있었고, 외향 해외직접투자를 통해서는 저임금 노동력과 천연자원을 획득할 수 있었다. 즉 싱가포르는 국내 다이아몬드의 취약점을 적극적인 글로벌화를 통해 보완했고 이렇게 국내 다이아몬드와 국제 다이아몬드를 조화시킴으로써 싱가포르는 지속적으로 경쟁우위를 확보할 수 있게 된 것이다.

국제요소는 한국의 경쟁력을 설명하는 데에도 중요한 역할을 한다. 한국이 보유하고 있는 가장 큰 비교우위는 저렴하고 잘 훈련된 노동력이다. 그러나 최근 한국은 심각한 노동 문제를 겪었는데, 이로 인해 임금이 상승하고 강성 노조가 구성되어 더 이상 노동력에서 비교우위를 확보할 수 없게 됐다. 이러한 현실에서 한국 기업은 저임금 노동력을 찾아 해외로 나가거나 선진 기술을 도입해 노동생산성을 향상시키는 등 두 가지 선택을 할 수 있는데, 이 두 가지 선택 모두 국제요소를 고려해야 한다. 결국 한국과 싱가포르의 경쟁력을 정확히 분석하기 위해서는 국제요소를 충분히 고려해야 한다는 것을 의미한다.

실증분석

Moon, Rugman, and Verbeke(1998, 2001)는 GDD 모델을 통해 한국과 싱가포르의 국가경쟁력을 분석했다. 이들은 GDD 모델에 따라 국가경쟁력을 구성하는 네 가지 변수(생산요소조건, 시장수요조건, 관련 및 지원 산업, 기업의 전략, 구조, 경쟁관계)를 국내와 국제 차원으로 나누어 분석하고[2] 이를 토대로 한국과 싱가포르의 국가경쟁력 지수를 산출했다. 산출된 국가경쟁력 지수는 표 4-1에 정리되어 있다. 단 이 지표는 Porter의 모델을 검증하기 위한 목적으로 소수의 대위변수만을

---

[2] 각 항목의 대위변수에 대한 내용은 이 장의 끝에 기술했고 방법론에 관한 자세한 내용은 Moon, Rugman, and Verbeke(1998, 2001)를 참조.

표 4-1 한국과 싱가포르의 국가경쟁력 지수

항목		한국	싱가포르
생산요소조건	국내요소	100.0	75.0
	국제요소	4.3	100.0
시장수요조건	국내요소	100.0	77.6
	국제요소	54.7	100.0
관련 및 지원 산업	국내요소	100.0	92.9
	국제요소	37.4	100.0
기업의 전략, 구조, 경쟁관계	국내요소	100.0	85.1
	국제요소	65.6	100.0

출처 : Moon, Rugman, and Verbeke(1998)

사용해 산출됐고 Moon, Rugman, and Verbeke(1998)의 논문이 발표된 후 상당한 시간이 흘렀기 때문에 이 결과가 한국과 싱가포르의 현재 경쟁력을 포괄적으로 반영한다고 이해하는 것은 무리가 있다. 따라서 이 지수는 국가경쟁력에 있어 국제요소의 중요성을 증명하기 위한 예시적인 자료로 파악하는 것이 바람직하다. 경쟁력 지수는 각 항목별로 높은 점수를 받은 국가의 지수를 100으로 하고 나머지 국가의 지수는 100을 기준으로 상대적인 점수를 부여해 산출했다.

표에 나타난 바와 같이 국내요소에는 한국이 네 항목 모두 싱가포르보다 점수가 높지만 국제요소에는 싱가포르가 모두 앞선다. 이러한 차이는 그림 4-4와 4-5에 잘 나타나 있다. 그림에서 실선은 국내 다이아몬드를 나타내고 점선은 국제 다이아몬드를 나타내는데 국제 다이아몬드는 국내경쟁력 지수에 국제경쟁력 지수를 합해 산출한다. 예를 들어 한국의 생산요소에서 국제 다이아몬드는 100(국내 지수)과 4.3(국제 지수)을 합한 104.3이다.

그림 4-4 한국의 국가경쟁력

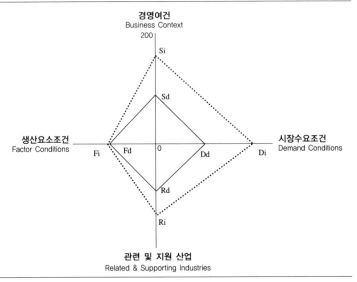

출처 : Moon, Rugman, and Verbeke(1998)

그림 4-5 싱가포르의 국가경쟁력

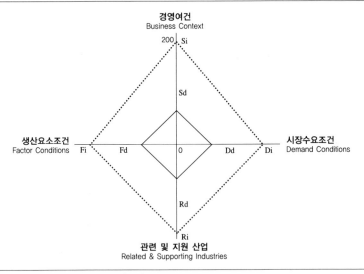

출처 : Moon, Rugman, and Verbeke(1998)

그림 4-4와 4-5에 나타난 한국과 싱가포르의 국내 및 국제경쟁력을 비교하면 세 가지 사항을 발견할 수 있다. 첫째, 한국은 싱가포르보다 큰 국내 다이아몬드를 가지고 있지만 싱가포르는 한국보다 훨씬 더 큰 국제 다이아몬드를 지니고 있다. 이는 국내요소만 고려한다면 한국이 싱가포르보다 경쟁력이 있지만 국제요소까지 고려하게 되면 싱가포르가 더 경쟁력이 있다는 것을 의미한다. 이로써 국가경쟁력을 올바로 평가하기 위해서는 국내요소와 국제요소를 모두 고려해야 한다는 결론을 얻을 수 있다.

둘째, 한국의 생산요소조건에서 국제 다이아몬드는 국내 다이아몬드와 별 차이가 없음을 알 수 있는데, 이는 한국이 생산요소조건에서의 국제화가 약하다는 것을 보여준다. 싱가포르의 경우 국내 노동력 부족을 만회하기 위해 외향 해외직접투자를 적극적으로 추진했고 해외 자본과 기술을 확보하기 위해 내향 해외직접투자에도 힘을 기울였다. 그러나 한국은 국제요소에서 싱가포르만큼 적극적인 자세를 보여주지 않았다. 이러한 점에서 Porter가 주장한 한국 경제의 낙관적인 견해의 문제점을 찾을 수 있다. 그는 한국 경제가 지금까지는 생산요소조건에 초점을 맞추어 발전해 왔지만 앞으로는 시장수요조건, 관련 및 지원 산업, 기업의 전략, 구조, 경쟁관계를 통해 발전할 것이라 주장했다. 그러나 Porter가 주장하는 이 세 가지 항목은 다이아몬드 모델의 세 가지 요소로, 여기에는 생산요소조건에 대한 고려가 누락되어 있다. 그림 4-4에서 볼 수 있는 바와 같이 향후 한국 경제 가장 큰 영향을 미칠 요소는 Porter가 말한 세 가지 요소가 아니라 바로 생산요소조건이다.

마지막으로, 한국의 국가경쟁력을 향상시키기 위해서는 정부의 역할이 중요하다. 앞서 살펴본 바와 같이 한국의 경쟁력을 좌우하는 가장 큰 항목은 생산요소조건이다. 중국이나 동남아시아 국가의 저임금 전략으로 인해 한국 기업들은 가격경쟁력으로 승부할 수도 없고 아직까지 선진국의 기술을 따라잡을 수도 없는 상황이다. 이러한 상황에서 선택할 수 있는 전략적 대안은 명확하다. 즉 저임금 노동력을 확보하고 기술력을 증진시키는 것이다. 이를 달성하기 위해 한국 기업들은 중국이나 동남아시아에 투자를 실시하고 R&D 분야에 대한 투자를 증대시키며 경쟁력 있는 부분을 특화함으로써 경쟁해야 한다. 그러나 여기서 자체적인 기술만을 고집한다면 장기적인 전략 면에서 매우 위험할 수 있다. 기술력의 부족을 만회하기 위해 필요하다면 우리 기업이 해외로 나갈 수도 있고 다국적 기업을 국내에 유치해서 해외 기술을 들여올 수도 있다. 결국 한국 생산요소조건의 경쟁력을 유지하기 위해서는 외향 해외직접투자와 내향 해외직접투자 모두 중요하다. 이러한 현실에서 한국 정부는 규제 철폐 등 해외직접투자를 활성화하기 위한 여건을 조성하기 위한 중요한 역할을 수행해야 한다.

결론 3

이 장에서는 Porter의 다이아몬드 모델을 경쟁력의 범위 차원에서 확대시킨 GDD 모델과 이를 한국과 싱가포르에 적용한 실증분석 사례에 대해 살펴봤다. Rugman과 D'Cruz(1993)는 더블 다이아몬드 모델을 통해 국가경쟁력을 국내요소로 한정한 Porter의 모델에 국제요소를 포함시켜 다이아몬드 모델의 타당성과 설명력을 높였다. 그러나 글로벌 시대인 지금 한 국가의 국제요소를 미국, 일본, 유럽 등 몇몇 국가만 고려해 파악할 수는 없다. 즉 국가 간 관계가 복잡하게 얽혀 있는 오늘날의 세계 경제 상황에 부합하는 일반화된 모델이 필요하다.

GDD 모델은 한 국가의 국제요소를 국제화를 통해 글로벌 다이아몬드(global diamond)로 수렴해 가는 일반화된 과정으로 보여줌으로

표 4-2 한국과 싱가포르의 국가경쟁력 산출을 위한 변수

국내 다이아몬드

항목		대위변수	한국	싱가포르
생산요소조건	기본요소	제조업에서의 임금(미국=100.0), 1994	37.0	37.0
	고급요소	1,000명당 기술 인력, 1986~1991	45.9	22.9
시장수요조건	크기	연평균 성장률(%), 1980~1993	8.2	6.1
	세련된 정도	교육 지수(식자율+학교 교육), 1992	2.6	2.1
관련 및 지원 산업	운송	도로포장률(km/백만 명), 1992	1,090.0	993.0
	통신	100명당 전화선, 1990~1992	41.4	39.2
기업의 전략, 구조, 경쟁관계	경쟁	외국인에 대한 차별적 대우(%), 1992	43.7	37.2

국제 다이아몬드

항목		대위변수	한국	싱가포르
생산요소조건	기본요소	1인당 외향 해외직접투자(달러), 1994	56.7	743
	고급요소	1인당 내향 해외직접투자(달러), 1994	18.2	1,907.20
시장수요조건	크기	수출 의존도(GNP에서의 비율), 1994	25.5	140.5
	세련된 정도	수출 다각화, 1992	53.5	58.6
관련 및 지원 산업	운송	항공 운송 시스템(%), 1992	70.6	97.8
	통신	국제 텔렉스 송수신(1인당 송신), 1990	0.2	7.7
기업의 전략, 구조, 경쟁관계	경쟁	외국 상품에 대한 개방도(%), 1992	57.5	87.7

출처 : Moon, Rugman, and Verbeke(1998)

써, 더블 다이아몬드 모델이 지니고 있던 한계를 효과적으로 극복했고 이로써 Porter의 다이아몬드 모델을 다시 한번 발전시켰다.

GDD 모델로 분석한 한국과 싱가포르의 실증 사례를 통해 국가경쟁력에서의 국제요소의 중요성과 이를 모델에 포함시켜야 하는 당위성을 파악했다. 또한 다이아몬드의 크기를 측정하고 모양을 비교함으로써 다이아몬드 모델을 계량적으로 사용할 수 있음을 입증했으

며, 국가경쟁력 향상에 정부의 역할이 중요함을 확인했다.

앞서 논의한 바와 같이 Porter의 다이아몬드 모델은 경쟁력의 범위와 원천의 두 가지 차원에서 확장됐다. 경쟁력의 범위에 관한 내용은 여기서 잠시 매듭을 짓고 다음 5장에서는 경쟁력의 원천에서 Porter의 모델을 확장한 9-팩터 모델을 살펴보자. 6장에서는 경쟁력의 범위와 원천에 관한 확장 모델을 통합한 새로운 모델을 살펴보겠다.

 요약　Rugman과 D'Cruz(1993)는 더블 다이아몬드 모델을 통해 국제요소를 포함시킴으로써 Porter(1990)의 다이아몬드 모델을 경쟁력의 범위 차원에서 확장시켰으나 더블 다이아몬드 모델은 한 국가의 국제요소를 포괄적으로 파악할 수 있는 일반화된 모델이 아니라는 한계를 내포하고 있었다. 이에 Moon, Rugman, and Verbeke(1995, 1998, 2001)는 더블 다이아몬드 모델을 일반화시켜 한 국가와 관계를 맺고 있는 모든 국가의 다이아몬드를 고려할 수 있도록 일반화된 더블 다이아몬드(generalized double diamond, GDD) 모델을 제시했다.

GDD 모델을 적용해 한국과 싱가포르의 국가경쟁력을 실증적으로 비교 분석해 본 결과 GDD 모델의 타당성을 검증할 수 있었다. 국내요소만 고려한다면 한국은 싱가포르보다 높은 경쟁력을 보이지만 국제요소까지 고려하면 싱가포르가 한국보다 경쟁력이 높다는 것을 알 수 있다.

따라서 싱가포르 경쟁력 비결은 국제화다. 결국 국가경쟁력을 올바로 이해하기 위해서는 국제요소를 이해해야 하며 이러한 점에서 한 국가의 국제요소를 모두 분석할 수 있는 GDD 모델의 타당성을 입증할 수 있다.

다이아몬드 모델의 확장 2 : 경쟁력의 원천

【국가경쟁력의 원천】

Porter 교수의 다이아몬드 모델은 장기적인 관점에서 국제경쟁력을 결정짓는 근본 요인과 범세계적으로 벌어지고 있는 경쟁의 동태적 측면을 잘 설명한다는 점에서 우리에게 국제경쟁력에 관한 깊은 통찰력을 제공해 준다. 그러나 이 모델은 다분히 서구의 자유주의 정신에 바탕을 두고 있기 때문에 이를 아무런 수정 없이 그대로 한국에 적용할 수는 없다. 왜냐하면 한국 기업은 미국과 달리 자본과 기술에 의해 스스로 성장했다기보다는 외국 자본과 기술을 바탕으로 정부의 각종 지원과 특혜를 통해 성장했기 때문이다. 따라서 한국의 국제경쟁력을 올바로 평가하고 국제경쟁력을 형성하는 본질적 원천을 파악하기 위해서는 선진국 경제를 중심으로 개발한 다이아몬드 모델과는 다른 새로운 패러다임이 필요하다.

한국의 국제경쟁력을 평가하기 위해서는 한국적 상황, 즉 '무에서 유를 창조한다'고 할 수 있을 만큼 자본과 기술, 물적자원 등 성장에 필요한 모든 요소를 정부와 기업가가 해외에서 도입하거나 새로이 창출했다는 점과 한국 경제를 이끌어 온 주된 원동력은 풍부하고 다양한 양질의 인력자원이었다는 점을 고려해야 한다.

(조동성, 1994 : 34, 《국가경쟁력 : 선진국으로 가는 지름길》)

Porter의 다이아몬드 모델은 선진국의 경쟁력의 원천에 대한 설명에는 유용하나 후진국이나 개발도상국의 경제 수준이나 그 역동성을 설명하기에는 부족한 면이 있다. 지난 30년간 한국이 이룩한 경제적 성장 과정을 살펴보면 교육 수준이 높고 열정을 지닌 인재들이 국가경쟁력을 형성하고 이를 그 다음 단계로 발전시키는 과정에서 중심적인 역할 수행했다는 사실을 알 수 있다. 이러한 사실을 반영하기 위해서는 Porter의 다이아몬드 모델에 나타난 국가경쟁력의 원천을 물적요소와 인적요소로 구분해야 한다. … 인적요소는 Porter 다이아몬드 모델의 네 가지 물적요소를 창조하고, 동기를 부여하고, 통제해 국가경쟁력을 발전시킨다.

(조동성, 1994 : 17, 'A Dynamic Approach to International Competitiveness : The Case of Korea')

　　전후 50년간 한국은 한강의 기적이라 불릴 만큼 눈부신 경제 성장을 이룩했다. 전쟁의 폐허 속에서 변변한 부존자원도 없이 이루어낸 경제 성장을 올바로 이해하기 위해서는 물적요소를 중심으로 평가하고 있는 Porter의 다이아몬드 모델을 그대로 사용할 수 없다. 이는 비단 한국만의 사례가 아니다. 자원, 기술, 부존자원 등이 제한적인 후진국이나 개발도상국의 경제 성장을 올바르게 분석하기 위해서는 이들 국가에서 경제발전을 주도하고 있는 주역을 새로운 변수로 고려해야 한다. 5장에서는 물적요소와 더불어 인적요소를 변수로 포함시켜 Porter의 다이아몬드 모델을 확장시킨 9-팩터 모델을 통해 국가경쟁력에서 인적요소의 역할과 그 중요성에 대해 살펴보도록 한다.

1 국가경쟁력의 원천과 9-팩터 모델

2장에서 논의한 바와 같이 Porter(1990)의 다이아몬드 모델은 경쟁력의 범위와 경쟁력의 원천이라는 두 가지 차원으로 발전됐다. 경쟁력의 범위 차원에서는 3장과 4장에 살펴본 바와 같이 더블 다이아몬드 및 GDD 모델을 통해 국제요소를 포함시킴으로써 그 범위를 국내에서 국내 및 국제로 확장했다. 한편 경쟁력의 원천이란 한 국가의 경쟁력을 창출하는 주체를 의미하는 것으로, Porter(1990)는 다이아몬드 모델의 네 가지 요소(생산요소조건, 시장수요조건, 관련 및 지원 산업, 기업의 전략, 구조, 경쟁관계)에서 볼 수 있는 바와 같이 물적요소에서 경쟁력의 원천을 찾고 있다.

그러나 앞서 살펴본 사례에서 알 수 있듯이 한국과 같은 개발도상국이나 다른 후진국의 경우 물적요소에서 특별한 강점이 없음에도 불구하고 괄목할 만한 경제 성장을 이루어낸 사례를 쉽게 찾을 수 있다. 이들 국가에서는 부족한 물적요소를 효율적으로 활용해 국가경쟁력을 향상시킨 인적요소가 경쟁력의 원천이다. 따라서 개발도상국 및 후진국의 국가경쟁력을 올바로 이해하기 위해서는 국가경쟁력의 원천을 인적요소에 이르기까지 확장한 새로운 모델이 필요하다.

9-팩터 모델

한국과 같은 개발도상국의 국가경쟁력을 올바르게 평가하기 위해서는 정부와 기업가의 역할이 매우 중요하다. 이들은 해외 자본과 기술을 도입하고 경제발전의 초기 단계에서 필요한 자원이나 생산요소들을 만들어낸다. 한국 경제발전을 주도해 온 핵심은 교육 수준이 높고 열정적인 인재들로 구성된 다양하고 풍부한 인적요소에서 찾을 수 있다. 이 인적요소들은 근로자, 경제 정책을 세우고 실행하는 정치가 및 행정관료, 위험 부담을 감수하면서 투자를 하는 기업가, 기업을 경영하는 전문 경영자와 새로운 기술을 실행하는 기술자로 구성된 전문가 등 네 가지로 분류할 수 있다. 한국의 경제발전에 이들의 역할을 평가하기 위해서는 이들을 다이아몬드의 변수로 포함시켜야 하는데 Porter 다이아몬드의 네 가지 변수(생산요소조건, 시장수요조건, 관련 및 지원 산업, 기업의 전략, 구조, 경쟁관계)와 외생 변수 중 기회, 그리고 위에서 언급한 네 가지 인적요소(근로자, 정치가 및 행정관료, 기업가, 전문가)를 하나의 모델로 구성하면 그림 5-1과 같은 9-팩터 모델을 얻을 수 있다.

그림 5-1 9-팩터 모델

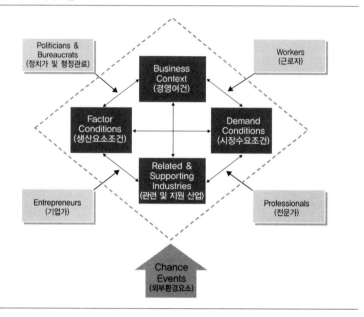

9-팩터 모델은 물적요소와 인적요소를 구분한 점과 기회를 변수로 추가했다는 점에서 Porter의 다이아몬드 모델과 차이가 있다. Porter 도 노동자(labor)를 생산요소조건에 포함시키는 등 일부 인적요소를 고려했지만 9-팩터만큼 포괄적이고 체계적이지 못하다. 그림 5-2는 Porter의 다이아몬드 모델이 갖는 변수와 9-팩터 모델이 갖는 변수 사이의 관계를 정리하고 있다.

9-팩터를 구성하고 있는 각 요소를 물적요소와 인적요소로 나누어 세부적으로 살펴보면 다음과 같다. 먼저 물적요소의 구성요소인 생 산요소조건, 경영여건, 관련 및 지원 산업, 시장수요조건을 차례로 살펴보자.

그림 5-2 다이아몬드 모델과 9-팩터 모델의 비교

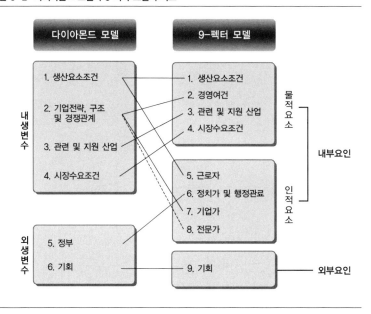

- 생산요소조건 : 생산요소조건은 부존자원, 환경자원, 자본자원 등으로 구성되어 있다. 먼저 광물자원은 매장량이 제한적인 것이 특징이다. 광물자원은 다시 석탄, 석유, 천연가스 등과 같은 에너지 자원과 철광석, 금, 은 등과 같은 비에너지 자원으로 분류할 수 있다. 농림수산자원과 환경자원은 지속적으로 사용할 수 있는 자원으로, 환경자원에는 토지, 기후, 수자원 등이 있다. 이들 자원은 경제 활동의 투입요소로 활용할 수 있으며 이를 통해 국가경쟁력 발전에 기여할 수 있다. 자본자원도 생산요소에 포함된다.

- 경영여건 : 경영여건으로는 경쟁과 시장 체제에 대한 사람들의

인식, 경제 활동에 참여하는 생산자, 상인, 소비자 등의 상거래 관련 법규 준수 및 의무 이행을 위한 노력 등을 들 수 있다. 산업 수준에서는 경쟁자의 수와 크기, 진입장벽의 종류와 높이, 제품 차별화의 정도, 기타 경제 활동의 경쟁관계를 형성하는 요소에 의해 경영여건이 결정된다. 또한 기업 수준에서는 기업의 전략 과 조직, 기업 내 개인과 집단의 태도와 행동 등이 경영여건을 결정하는 주요 요소다.

● 관련 및 지원 산업 : 관련 산업은 수직적 관련 산업과 수평적 관 련 산업으로 나누어 생각해 볼 수 있다. 수직적 관련 산업은 특 정 제품의 생산에서 가치 사슬 내 전방(upstream)과 후방(down-stream) 관계에 있는 산업을 의미하고, 수평적 관련 산업은 동일 한 기술, 원료, 채널, 마케팅 방식을 사용하고 있는 산업을 의미 한다. 지원 산업에는 금융, 보험, 정보, 운송 및 기타 서비스 부 문이 포함된다.

● 시장수요조건 : 시장수요조건은 수요의 양과 질적인 측면에서 분석할 수 있다. 국내시장의 크기는 수요의 지속성과 국내 기업 이 활용할 수 있는 규모의 경제(economies of scale)의 수준을 결 정한다. 기업은 해외에 진출하기 전 자국 시장에 제품을 출시해 반응을 살핌으로써 사전 검토를 할 수 있고, 이를 통해 해외 진 출의 위험을 감소시킬 수 있다. 시장수요의 질은 더욱 중요한 역할을 한다. 소비자의 기대 수준이 높을수록 경쟁이 치열해지 므로 제품의 품질에 대한 세련된 소비 성향과 엄격한 기준을 갖 추고 있는 국가에서는 기업들이 소비자를 만족시키기 위해 노

력하는 과정에서 국제경쟁력을 갖추게 된다.

이제 물적요소에 이어 인적요소의 세부 항목을 살펴보자. 인적요소는 근로자, 정치가 및 행정관료, 기업가, 전문가로 구성되어 있으며 이러한 인적요소가 물적요소를 효율적으로 활용해 국가경쟁력을 창출한다.

- 근로자 : 근로자의 가치를 평가할 수 있는 가장 손쉬운 방법은 임금 수준을 살펴보는 것이지만, 이는 노동생산성에 직접 또는 간접적으로 영향을 미치는 여러 가지 요인 중 하나일 뿐이다. 노동생산성에 영향을 미치는 다른 요소로는 교육 수준, 조직에 대한 소속감, 직업윤리, 노동시장의 규모 등을 들 수 있다. 지난 1960년에부터 1980년대 중반까지 근로자 부분에서 한국이 갖는 비교우위를 단지 저임금 노동력으로 평가하는 전통적인 설명 방식은 교육 수준, 직업윤리와 같이 노동생산성에 영향을 미치는 좀더 근본적인 요소들을 고려하지 않은 것이다.
- 정치가 및 행정관료 : 정치가들은 정치적 권력을 얻고 이를 유지하기 위해 노력하는데, 경제발전은 이러한 목표를 달성하기 위한 여러 방법 중 하나다. 경제 성장과 성공을 위해 노력하는 정치가들이 집권하고 있는 국가는 국가경쟁력을 창출하고 이를 발전시키는 과정이 좀더 용이하다. 1980년대와 1990년대의 중국의 경제발전 사례는 공산주의 체제 하에서도 경제발전의 가치를 신봉하는 정치가들이 국가 경제발전에 얼마나 큰 기여를

할 수 있는지 잘 보여준다. 일반적으로 부정부패가 없고 효율적인 행정관료는 정책 실현에 큰 도움이 되는데, 이는 경제발전에 대한 정치가의 관심과 더불어 국가경쟁력 발전에 큰 영향을 미친다.

- 기업가 : 기업가란 일반적인 의미의 '기업가(企業家)'가 아니라 기업을 일으켜 세웠다는 의미의 '기업가(起業家)'를 뜻하는 것으로, 'entrepreneur'나 '창업가(創業家)'를 이르는 말이다. 이러한 의미에서 기업가는 높은 위험을 감수하면서 새로운 사업에 진출하기 때문에 일반적인 사업가와는 구별된다. 기업가는 경제발전의 초기 단계에서 필수불가결한 존재다. 경제가 발전함에 따라 위험을 감소시키고 이윤을 극대화하려는 기업가의 노력으로 인해 국가경쟁력이 강화된다.

- 전문가 : 국제 경쟁이 심화되면 단지 위험을 감수하는 기업가 정신만으로는 가격 인하와 서비스 증대라는 현실적 요구를 모두 감당할 수 없다. 이러한 상황에서는 전문 경영인과 기술자 등과 같은 전문가의 역량을 바탕으로 원가를 절감하고 품질을 개선하도록 노력해야 기업뿐 아니라 국가의 경쟁력을 지속적으로 유지할 수 있다. 물론 여기서 전문가란 경영 전문가뿐 아니라 사회 각 분야의 전문가인 과학자, 예술가, 변호사 등을 모두 포함한다.

마지막으로 외부 변수인 기회(chance events)의 내용을 살펴보자. 기회요소는 예측 불가능한 환경의 변화로서 기술 및 제품의 예상치 못한 혁신, 유가 파동, 국제 자본시장 및 외환시장의 급등락, 외국 정부의 정책 변화, 국제 수요의 변화, 전쟁의 발발 등이 해당된다. 기회요소가 국가경쟁력에 영향을 미치는 경우, 국가경쟁력을 유지하거나 이를 발전의 계기로 삼기 위해서는 한 국가의 국가경쟁력을 구성하는 물적요소와 인적요소를 재구성해야 한다.

2 9-팩터 모델로 분석한 **국가경쟁력** 성장 모형

9-팩터 모델을 통해 국가경쟁력을 분석하면 국가
경쟁력의 크기와 경제발전 단계에 따라 개별 국가가 경험하게 되는
국가경쟁력의 성장 과정을 동태적으로 설명할 수 있다. 즉 국가경쟁
력을 구성하고 있는 여러 가지 요소는 국가경쟁력의 성장 단계에 따
라 각각 상이한 역할을 맡게 되는데, 9-팩터 모델은 이러한 과정과
각 단계별로 중요한 역할을 맡는 구성요소와 그 의미를 설명하는 데
유용한 틀을 제공한다.

국가의 경제 수준을 그 발전 단계별로 분류하면 후진국, 개발도상
국, 중진국, 선진국으로 나눌 수 있고 각 단계별로 상이한 요소들이
주도적인 역할을 수행한다. 이 절에서는 경제발전의 단계별로 중요
한 역할을 수행하는 요소와 그 역할을 9-팩터 모델을 통해 분석한다.

후진국 단계

후진국 단계는 본격적인 경제발전이 시작되기 이전의 단계로, 일반적으로 기초 생산요소인 부존자원과 근로자가 국가경쟁력의 전부인 시기다. 이 단계의 국가는 부존자원과 노동력을 활용해 국가경쟁력을 향상시킬 수 있는 경영 능력이나 기술을 보유하고 있지 않기 때문에 대부분 국가경쟁력이 미약한 수준이다. 1인당 국민소득이 500달러 미만인 국가가 이 단계에 속하는데, 아프리카 및 서남아시아의 국가들이 좋은 예다. 중남미 국가들은 대부분 1인당 국민소득이 500달러 이상이지만, 이들 중 몇몇 국가는 후진국 단계에 속한다. 이것은 이 국가들이 상당한 천연자원과 노동력을 보유하고도 정권의 잦은 교체와 정치적 불확실성으로 인해 지속적인 경제 성장 정책을 추진하지 못하기 때문이다.

개발도상국 단계

개발도상국 단계는 경제 개발의 초기 단계로서 이 시기에는 성장과 건설 정책을 통해 정치적 야망을 달성하려는 정치가들에 의해 후진국 단계의 다성을 극복한다. 이 과정에서 정치가들은 행정관료로 하여금 산업 정책을 실시하게 하고 금융 시장과 인프라 등을 조성해 경영여건을 발전시킨다. 경우에 따라 국영 기업을 설립해 부존자원과 가용 노동력을 활용함으로써 국가경쟁력을 발전시키려는 시도도 한다.

기업들은 해외에서 기술을 도입하기 시작하고 제품의 판매를 위해 해외시장에 진출하기 시작한다. 이 때문에 이 단계의 국가경쟁력은 환율, 원자재 가격 등 국제 경제 환경 변화에 민감하게 반응한다. 또한 기업은 아직 조직 역량을 배양하는 단계에 있지만 이와 동시에 국제 시장에서의 치열한 경쟁에서 살아남아야 하기 때문에 정부는 각 산업별로 특정 한두 개 기업만 선별적으로 지원하기도 한다. 결과적으로 개발도상국 단계에서는 각 산업별로 특정 기업이 시장을 독점하는 구조를 보인다.

중진국 단계

중진국 단계는 경제발전의 초기 단계를 지나 본격적인 발전이 이루어지는 시기로, 이 단계에서는 자본주의적 질서가 형성되어 기업가들이 높은 위험 부담을 감수하면서 과감한 투자를 실시하고 정부에 대한 의존을 줄여나간다. 즉 경영여건이 개선되어 적극적인 투자 환경이 조성되기 시작한다. 기업가들은 규모의 경제를 달성하기 위해 투자를 실시하고 필요할 경우 해외에서 필요한 자원을 들여오기도 한다. 자원이 풍부한 국가들은 자국의 자원을 활용하지만 중진국 단계에 있는 국가들을 보통 장기 계약이나 자원을 직접 개발해 경제발전에 필수적인 자원들을 확보하려 노력한다. 그 결과 이들 중진국의 경쟁력은 자원 부국의 경쟁력을 앞서게 된다.

이 단계에서 국가경쟁력을 형성하는 가장 중요한 인적요소는 위험을 감수하고 투자를 실시하는 기업가다. 이 시기에는 기업 간의 과점적인 경쟁관계가 형성되고 초기 성공 기반을 바탕으로 새로운 사업 영역으로 다각화하기 시작하는데, 이로 인해 향후 관련 및 지원 산업이 발전한다. 이 단계의 국가들은 1인당 국민소득이 3,000달러에서 1만 5,000달러에 달하는데, 1960년대의 일본과 이른바 신흥공업국이라 불리는 1990년대의 한국, 대만, 홍콩, 싱가포르 등이 해당된다.

선진국 단계

선진국 단계는 경제발전이라는 목표를 달성한 시기로, 이루어놓은 경제 수준을 지속적으로 유지하고 더욱 발전시키기 위해 노력하는 단계다. 이 단계에서는 중진국 단계에서 달성한 제조 공정, 제품 및 조직의 혁신을 바탕으로 수직 및 수평 관련 산업 간의 관계가 더욱 강화된다. 또한 제조 공정은 더욱 고도화되고 제품의 품질은 더욱 향상되며 가치 사슬 내 전방 및 후방 관련 산업은 균형적인 발전을 이룬다. 이 시기에는 적극적인 투자를 통해 규모의 경제를 실현하는 가격경쟁력을 갖춘 기업가보다 효율성을 추구하고 혁신 의지를 가진 전문 경영자, 기술자 등과 같은 전문가의 역할이 중요하다. 또한 특정 산업에서 이룩한 경쟁력을 수평 및 수직 관련 산업으로 확대해 국내 수요를 바탕으로 국제경쟁력이 가장 강해지는 단계다. 반면 자금의 인위적 배분, 시장 보호, 보조금 지급 등과 같은 정부의 직접적인 지원 활동은 축소되고 근로자들에 대한 희생을 요구하기도 어려워진다. 뿐만 아니라 근로자의 임금 상승 압박도 강해지고 마케팅, 제품 품질, 서비스 등의 경쟁도 치열해진다. 소득 수준이 상승함에 따라

소비자들은 더 좋은 품질과 서비스를 갖춘 제품을 요구하게 된다. 경쟁은 치열해져 완전 경쟁의 양상을 보이는데, 이는 상표력 구축, 품질 향상, 신모델 개발 등의 혁신을 일으킨다. 이 단계의 국가들을 1인당 국민소득이 1만 5,000달러를 넘으며 미국, 일본, 독일 등이 대표적인 예라 할 수 있다.

그림 5-3은 지금까지 논의한 국가 경제발전 단계와 각 단계별 중요한 역할을 수행하는 물적요소와 인적요소를 정리한 것이다. 먼저 물적요소를 활용해 국가경쟁력 향상을 이끌어나가는 인적요소에 주

그림 5-3 국가경쟁력 성장 모형과 각 단계별 주요 요소

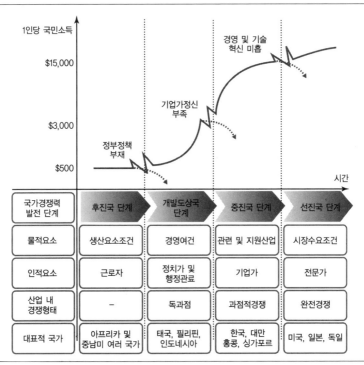

안점을 두고 살펴보면, 후진국 단계에서 나타나는 저성장의 문제를 정치가 및 행정관료가 주도가 되어 본격적으로 해결하면서 경제발전이 시작되고 개발도상국의 단계에 접어든다.

정치가 및 행정관료의 강력한 추진력으로 어느 정도 경제 성장을 이루고 나면 경제 성장은 가속도를 잃게 되는데, 이때는 과감한 투자를 통해 다시 한번 경제 성장을 이끌어가는 기업가의 역할이 중요해진다.

기업가가 주축이 된 중진국 단계를 넘어 선진국에 진입하기 위해서는 효율적인 시스템을 통해 치열한 경쟁에서 살아남기 위한 전문가의 역할이 중요해진다. 물적요소 또한 각 단계별로 서로 다른 요소들이 중추적인 역할을 수행한다.

이처럼 국가경쟁력의 발전 단계별로 각각 다른 요소가 중요한 역할을 맡는데, 국가경쟁력을 지속적으로 향상시키기 위해서는 각 시기별로 적합한 요소가 주축이 되어야 하고 발전이 지속됨에 따라 주요 요소가 자연스럽게 전이되어야 한다.

3 결론

       5장에서는 국가경쟁력의 원천을 물적요소에서 찾는 Porter의 다이아몬드를 인적요소까지 확대한 9-팩터 모델에 관해 논의했다. 9-팩터 모델을 통해 물적요소에서 경쟁우위가 거의 없는 후진국 및 개발도상국의 경쟁력을 효과적으로 설명하기 위해서는 물적요소를 창조하고 효율적으로 활용해 국가경쟁력을 향상시키는 인적요소를 고려해야 한다는 것을 확인했다. 이를 통해 국가경쟁력 발전 단계별로 상이한 요소들이 중요한 역할을 한다는 것을 알 수 있었다.

    이처럼 Porter(1990)의 다이아몬드 모델은 지난 200여 년간 국가경쟁력에 관한 연구를 지배해 오던 전통 경제학의 패러다임을 혁명적으로 바꾸는 역사적인 사건이었으나, 국가경쟁력의 범위의 차원에서 더블 다이아몬드 모델(Rugman and D'Cruz, 1993), GDD 모델(Moon, Rugman, and Verbeke, 1995, 1998, 2001)로 확장됐고, 국가경쟁력의 원천의 차원에서 9-팩터 모델(Cho, 1994)로 확장됐다. 그러나 국가경쟁력이 그 범위와 원천의 상호작용으로 결정된다는 점을 고려한다면 이러한 확장 모델을 하나의 모델로 통합해야 할 필요성은 명백해진다. 즉 이원화된 모델로는 현상 전체를 파악할 수 없는 것이다. 이에 이론편의 마지막 장인 6장에서는 지금까지 논의된 Porter의 다이아몬드 모델과 더블 다이아몬드 모델, GDD 모델, 그리고 9-팩터 모델을 하나의 모델로 정립한 DDD 모델을 통해 국가경쟁력을 더욱 정확히 측정할 수 있는 모델을 제시하고자 한다.

요약   Cho(1994)는 Porter의 다이아몬드 모델이 개발도상국에 적용하기에 한계가 있다고 지적하면서 국가경쟁력을 올바로 평가하기 위해서는 국가경쟁력의 원천으로 인적요소(human factors)와 물적요소(physical factors)를 모두 고려해야 한다고 주장했다. 이에 그는 9-팩터 모델을 통해 물적요소에 주안점을 둔 Porter의 다이아몬드 모델을 국가경쟁력의 원천이라는 차원에서 확장시켰다. 9-팩터 모델은 물적요소와 인적요소라는 국가경쟁력의 두 가지 원천에 대해 설명하고 있다. 인적요소에는 근로자, 정치가 및 행정관료, 기업가, 전문가 등이 포함되고, 물적요소에는 생산요소조건, 시장수요조건, 관련 및 지원 산업, 그리고 경영여건 등이 포함된다. 이들 8개의 내부 요인(internal factors)에 외부 요인(external factors)인 기회를 합하면 9-팩터 모델이라는 새로운 패러다임이 형성된다.

국가경쟁력의 성장 과정에서는 각 단계별로 주도적인 역할을 하는 요소들이 다른데, 9-팩터 모델은 이 단계와 각 단계별로 주도적인 역할을 하는 요소들을 설명하는 데 유용하다. 국가경쟁력의 발전 단계는 후진국 단계, 개발도상국 단계, 중진국 단계, 그리고 선진국 단계로 구분할 수 있다. 후진국 단계에서는 생산요소조건과 근로자가, 개발도상국 단계에서는 경영여건과 정치가 및 행정관료가, 중진국 단계에서는 관련 및 지원 산업과 기업가가, 그리고 마지막 선진국 단계에서는 시장수요조건과 전문가가 중요한 역할을 한다.

【포괄적 모델】

좋은 모델은 현상을 설명하기 위해 필요한 주요 변수를 모두 고려할 수 있을 만큼 포괄적이어야 한다. 비록 Porter의 단일 다이아몬드 모델이 국가경쟁력을 평가하는 데 필요한 주요 변수를 여러 개 갖추고 있지만 오늘날과 같이 글로벌화된 복잡한 경제 현실을 설명하기에는 충분하지 못하다. 글로벌 시대에 한 국가의 국가경쟁력을 올바로 평가하기 위해서는 국제요소를 반드시 고려해야 하는데 Porter의 다이아몬드 모델에는 이러한 내용이 결여되어 있다. 이뿐만 아니라 Porter의 다이아몬드 모델에서는 인적요소에 대한 고려가 부족한데, 현실적으로 여러 종류의 경제발전 사례를 살펴보면 이러한 인적요소가 중요한 역할을 하고 있다.

더블 다이아몬드 모델, GDD 모델, 9-팩터 모델 등이 국가경쟁력의 범위와 원천의 차원에서 Porter의 다이아몬드 모델을 확장시켰으나 이를 하나의 모델로 통합시키지는 못했다. 국가경쟁력을 좀더 정확히 이해하기 위해서는 확장 모델들을 통해 도출된 내용을 하나의 모델로 통합해야 한다.

(Moon and Kim, 2005, 'How to Evaluate National Competitiveness')

이중 더블 다이아몬드(DDD) 모델

1

Porter(1990)가 다이아몬드 모델을 발표한 후 그의 모델은 국가경쟁력의 범위의 차원에서 더블 다이아몬드 모델, GDD 모델로 확장됐고 그 후 국가경쟁력의 원천의 측면에서 9-팩터 모델로 확장됐다. 이러한 확장 과정을 통해 국가경쟁력을 국내의 범위에서 물적요소를 통해 분석하려던 Porter의 다이아몬드 모델은 국내 및 국제적인 차원에서 물적요소와 인적요소를 모두 고려해 국가경쟁력을 분석할 수 있는 모델로 발전했다.

주지하다시피 국가경쟁력의 범위와 원천은 상호작용을 통해 국가경쟁력을 결정짓는 주요한 개념으로서 불가분의 관계에 있다. 그러나 Porter의 다이아몬드 모델을 발전시킨 더블 다이아몬드 모델, GDD 모델, 9-팩터 모델 등은 국가경쟁력의 범위와 원천을 확장시켰다는 점에서 큰 의의가 있지만 국가경쟁력의 범위와 원천을 하나의 틀에서 분석하지 못한다는 것이 문제점이다. 따라서 국가경쟁력을 더욱 정확하게 이해하기 위해서는 국가경쟁력의 범위와 원천을 하나의 틀에서 분석한 포괄적인 모델이 필요하다.

확장 모델들의 한계

Porter의 다이아몬드 모델을 확장시킨 모델들은 모두 Porter의 다이아몬드 모델이 선진 대국에만 적합하다는 한계를 확장의 당위성으로 삼고 있다. Porter의 다이아몬드 모델은 선진 대국이 자국 내에 보유한 강력한 물적요소를 바탕으로 국가경쟁력을 설명하고 있는데, 규모가 작은 나라의 경우 외국과의 교역 없이는 발전이 불가능하고 후진국의 경우 국가경쟁력을 발전시킬 만한 변변한 물적요소가 없다. 다시 말해 소국의 경우 무역이나 해외직접투자 등 국제요소가 국가경쟁력 발전에 필수불가결한 요소이고, 후진국의 경우 경쟁력이 없는 물적요소를 효율적으로 활용해 국가경쟁력을 발전시킬 수 있는 인적요소가 중요한 역할을 수행하는 것이다. Porter의 다이아몬드 모델을 확장한 모델들은 선진 대국뿐 아니라 후진 소국에도 적용 가능한 모델을 제시해 선후진국, 대소국에 모두 적용할 수 있는 모델을 제시하려 했던 것이다.

그러나 더블 다이아몬드 모델, GDD 모델은 비록 국가경쟁력의 범위를 국제 차원까지 확장했으나 인적요소에 대한 고려가 충분하지 않다. 마찬가지로 9-팩터 모델 또한 물적요소를 활용하는 인적요소의 중요성을 강조해 국가경쟁력의 원천을 인적요소까지 확대했으나 국가경쟁력의 범위를 확장시키지는 못했다. 결국 지금까지 살펴본 확장 모델들은 국가경쟁력의 범위와 원천이라는 두 가지 차원 중 한 쪽에서는 확장됐지만 나머지 한 쪽에서는 아직 Porter의 다이아몬드 모델과 동일한 차원에 머물러 있음을 알 수 있다. 국가경쟁력을 올바로 평가하기 위해 두 가지 차원의 확장이 모두 필요하다면 이들 중 하나가 결여된 모델은 아직 개선의 여지가 남아 있는 상태라 할 수 있다. 이는 이 모델들만으로는 국가경쟁력을 올바르게 측정할 수 없다는 것을 의미한다.

포괄적 모델로서 DDD 모델

확장 모델들의 한계를 극복하기 위해서는 국가경쟁력의 범위와 원천의 차원을 모두 확장시킨 포괄적 모델이 필요하다. 즉 범위의 차원에서는 국내 및 국제요소를 모두 고려하고 원천의 차원에서는 물적요소와 인적요소를 함께 분석하는 포괄적 모델을 도출해야 한다.

그림 6-1은 국가경쟁력의 범위와 원천을 하나의 틀에서 아우르는 포괄적 모델의 도출 과정을 보여주고 있다. 가로축은 국가경쟁력 원천의 확장을, 세로축은 범위의 확장을 나타낸다. 그림에서 보는 바와 같이 기존 확장 모델들은 서로 다른 차원에서 Porter의 다이아몬드 모델을 두 배로 확장시켰다. 즉 GDD 모델은 Porter의 다이아몬드 모델을 국가경쟁력의 범위 차원에서 두 배로 확장시켰고, 9-팩터 모델은 국가경쟁력의 원천에서 Porter의 모델을 두 배로 확장시켰다.

그림 6-1 DDD 모델의 도출 과정

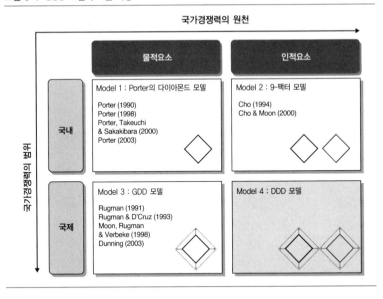

그림 6-2 DDD 모델의 구조

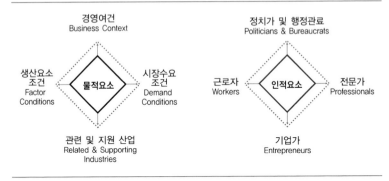

따라서 이들 확장 모델을 하나의 모델로 통합하면 그림 6-1의 오른
쪽 아래 Model 4와 같이 더블 다이아몬드가 두 개 생기게 되는데, 이
를 이중 더블 다이아몬드(dual double diamond : DDD) 모델이라 명명

한다.

　DDD 모델은 그림 6-2에서 볼 수 있는 바와 같이 물적요소와 인적요소를 국내 및 국제 차원에서 하나의 틀로 분석하고 있다. 물적요소로는 생산요소조건, 경영여건, 관련 및 지원 산업, 시장수요조건을 국내 및 국제 차원에서 고려하고 있다. 인적요소로서는 근로자, 정치가 및 행정관료, 기업가, 전문가를 역시 국내 및 국제 차원에서 분석하고 있다.

2 DDD 모델을 통한 **실증** 분석
한국과 싱가포르의 국가경쟁력 분석

DDD 모델로 평가한 국가경쟁력

DDD 모델은 국가경쟁력의 범위와 원천을 하나의 틀에서 분석하기 때문에 국가경쟁력에 대해 기존의 모델들보다 더욱 포괄적인 설명을 할 수 있고 결과적으로 더욱 정확한 측정 결과를 제시할 수 있다.

DDD 모델의 타당성을 실증적으로 검토하기 위해 전세계 66개 국가를 대상으로 통계를 분석했다. 먼저 66개 국가의 국가경쟁력을 Porter의 다이아몬드 모델, GDD 모델, 9-팩터 모델, 그리고 DDD 모델로 측정했다. 그 후 각 모델의 국가경쟁력 지수와 국가의 규모 및 국가 경제발전 관련 지표들과의 상관관계를 분석해 각 모델의 특성을 파악하고 이를 통해 DDD 모델의 포괄성과 타당성을 분석했다. 실증 분석을 위한 자료는 〈IPS 국가경쟁력연구 2005년 보고서〉

를 활용했다. 〈IPS 국가경쟁력연구 2005년 보고서〉는 275개의 평가 항목을 통해 전세계 66개 국가의 국가경쟁력을 물적요소와 인적요소로 나누어 국내 및 국제적인 차원에서 분석하고 있다.

분석에 사용된 자료들은 국가경쟁력의 범위와 원천에 따라 국내 물적요소, 국제 물적요소, 국내 인적요소, 국제 인적요소 등 네 가지 그룹으로 분류할 수 있다. 국내 물적요소로는 국내 천연자원, 시장 크기, 인프라, 정부 구조 등을 선택했고 국제 물적요소로는 해외직접투자, 무역 개방도, 해외 네트워크, 글로벌 표준 등의 항목을 사용했다. 또한 국내 인적요소로는 국내 임금, 정부 관료, 국내 기업인 및 전문가 등을 선택했고 국제 인적요소로는 노동시장의 개방도, 전문직 개방도 등의 항목을 사용했다.

각 모델별 국가경쟁력 지수는 이 네 가지 그룹을 각 모델의 원래 취지에 맞게 재구성해 산출했다. 먼저 Porter의 다이아몬드 모델(Model 1)의 지표는 국내 물적요소만으로 산출했고 9-팩터 모델(Model 2)의 지표는 국내 물적요소와 국내 인적요소를 사용했다. GDD 모델(Model 3)의 지표는 국내 물적요소와 국제 물적요소를 고려했으며 마지막으로 DDD 모델(Model 4)의 지표는 국내 물적요소, 국내 인적요소, 국제 물적요소, 국제 인적요소를 모두 고려해 산출했다.

국가 규모의 지표로는 국토면적 및 1인당 국토면적을 선택했고 경제발전 단계를 나타내는 지표로는 GDP, GDP 증가율, 1인당 GDP 등을 사용했다. 이렇게 산출된 각 모델별 국가경쟁력 지표와 국가의 규모 및 경제발전 단계 지표 간의 상관관계를 구해보면 흥미로운 점을 발견할 수 있다.[3] 첫째, 국가의 규모는 국가경쟁력과 관계가 없다.

네 모델 모두 경제발전 지표와는 상관관계가 높지만 국가의 규모와
는 상관관계가 없다. 일반적으로 국토의 면적이 넓으면 천연자원이
많이 생산되는데, 이러한 관점에서 볼 때 전통 경제학에서 중시하던
부존자원 등은 국가경쟁력과 밀접한 관계가 없다는 사실을 알 수 있
다. 이는 나아가 전통 경제학의 패러다임을 변화시킨 Porter의 다이
아몬드 모델과 그 확장 모델의 타당성을 입증해 준다.

둘째, 국민소득은 국가경쟁력과 밀접한 관계가 있다. 상관분석 결
과를 보면 GDP와 1인당 GDP는 네 모델 모두와 양의 상관관계지만,
GDP 성장률은 음의 상관관계다. 그러나 일반적으로 개발도상국의
GDP 성장률이 높다는 점을 고려한다면 결국 경제발전 단계가 높을
수록 국가경쟁력이 높다는 것을 알 수 있다.

셋째, GDD 모델과 9-팩터 모델은 후진 소국의 경쟁력을 설명하
는 데 유용하다. 확장 모델이 평가한 국가경쟁력의 내용 중 확장을
통해 추가된 부분이 국가경쟁력 평가의 설명력을 높이는 데 기여한
정도를 측정하기 위해 GDD 모델 및 9-팩터 모델 각각과 Porter의 단
일 다이아몬드 모델 간의 차이를 산출해 국가의 규모 및 경제발전 단
계와 상관관계를 구했다. 먼저 9-팩터 모델에서 인적요소의 확장을
통해 얻을 수 있는 기여도를 산출하기 위해 9-팩터 모델과 Porter의
다이아몬드 모델 간의 차(Model 2−Model 1)를 구한 후, 국가의 규모
및 경제발전 지표와의 상관관계를 분석한 결과 국토면적, 1인당 국

---

[3] 상관관계에 대한 구체적인 데이터는 이 장 끝 부분에 있는 '국가경쟁력 모델과 경제 변수 간의 상관
관계 분석' 참조.

토면적, GDP 등과 음의 상관관계를 보였다. 즉 9-팩터 모델에서 새로 추가된 국내 인적요소의 항목은 국가 규모가 작고 경제발전 단계가 낮은 국가들의 국가경쟁력을 설명하는 데 기여하고 있다. 또한 GDD 모델의 기여도를 평가하기 위해 GDD 모델과 Porter의 다이아몬드 모델 간의 차(Model 3–Model 1)를 산출해 상관관계를 구해본 결과 GDP 성장률과는 양의 상관관계를, 1인당 GDP와는 음의 상관관계를 보였다. 이는 국제요소가 급속히 성장하는 개발도상국에 더욱 중요하다는 것을 보여주고 있다. 결국 Porter의 단일 다이아몬드 모델은 선진 대국의 경쟁력을 설명하기에는 유용하지만 후진 소국의 경쟁력을 설명하기에는 부족한 면이 있으며, GDD 모델과 9-팩터 모델은 확장을 통해 이러한 Porter의 다이아몬드가 지닌 단점을 보완하고 있다는 것을 알 수 있다.

마지막으로 DDD 모델은 선진 대국 및 후진 소국의 국가경쟁력을 단일 분석 틀 내에서 포괄적으로 설명하고 있다. DDD 모델과 Porter의 다이아몬드 모델 간의 차(Model 4–Model 1)를 계산해 상관관계를 구해보면 GDP 증가율을 제외한 모든 변수, 즉 국토면적, 1인당 국토면적, GDP, 1인당 GDP에서 통계적으로 유의미한 상관관계를 보인다. 9-팩터 모델과 GDD 모델이 국가의 규모나 경제발전 단계 중 한 쪽에 치우친 변수들과 상관관계가 있다는 점을 고려한다면 거의 모든 변수와 상관관계가 있는 DDD 모델이 9-팩터 모델과 GDD 모델보다 국가경쟁력을 더욱 포괄적으로 평가하고 있다는 것을 알 수 있으며 이를 통해 국가경쟁력을 더욱 정확히 측정할 수 있다는 것을 알 수 있다.

이상의 실증 분석 결과를 정리해 보면 Porter의 다이아몬드 모델을 인적요소와 국제 차원으로 동시에 확장시킨 DDD 모델은 국가경쟁력의 범위와 원천의 한 쪽 차원으로만 확장시킨 9-팩터 모델 및 GDD 모델보다 포괄적이고 나아가 다른 모델보다 국가경쟁력에 대해 더 잘 설명하고 있음을 알 수 있다.

DDD 모델로 평가한 한국과 싱가포르의 국가경쟁력

DDD 모델의 설명력을 좀더 직관적으로 살펴보기 위해 앞서 4장에서 GDD 모델의 사례를 통해 분석했던 한국과 싱가포르의 국가경쟁력을 DDD 모델을 통해 다시 분석해 보자. 그림 6-3은 앞서 분석한 통계자료를 활용해 그림 6-1의 네 가지 모델에 따라 한국(실선)과 싱가포르(점선)의 국가경쟁력을 산출한 결과를 보여준다. 괄호 안의 수치는 세계 66개국 중 '한국의 국가경쟁력 순위', '싱가포르의 국가경쟁력 순위', 그리고 '양국의 순위 차'를 순서대로 정리한 것이다.

먼저 Porter의 다이아몬드 모델(Model 1)에 따르면 세계 66개 국가 중 한국은 23위를 차지하고 있고 싱가포르는 17위를 기록해 6단계 차이가 난다. 싱가포르는 시장수요조건을 제외하고는 모든 요소에서 한국보다 경쟁력이 높다.

반면 GDD 모델로 측정한 결과(Model 3)를 보면 한국은 25위, 싱가포르는 13위를 기록해 12단계 차이다. 즉 국제요소를 고려하게 되면 한국의 경쟁력 순위는 떨어지나 싱가포르의 순위는 올라가 그 차이가 더 벌어진다. 이는 한국의 국가경쟁력 국제 차원에서는 상대적으로 떨어진다는 것을 보여준다. 뿐만 아니라 국내 물적요소만 고려했을 때 한국보다 낮은 경쟁력을 보였던 싱가포르의 시장수요조건 역시 국제요소를 적용하면 한국의 시장수요조건보다 경쟁력이 높아지는 사실을 알 수 있는데, 이로부터 싱가포르가 국제화를 통해 국내시장수요조건의 약점을 극복했다는 것을 알 수 있다. 나아가 경영여건과 관련 및 지원 산업에서도 한국과 싱가포르 간의 경쟁력 차는 더욱 커지는데, 이로부터 국제요소를 적용하면 두 국가의 국가경쟁력을 더욱 명확히 파악할 수 있다는 것을 알 수 있다.

다음으로 9-팩터 모델을 통해 산출한 결과(Model 2)를 보면, 한국은 21위, 싱가포르는 13위를 기록해 8단계 차이가 난다. 싱가포르는 인적요소에서 근로자를 제외한 모든 면에서 한국보다 경쟁력이 높고 근로자의 경쟁력도 거의 같은 수준이다. 인적요소를 포함해 한국과 싱가포르의 국가경쟁력을 산출하면 물적요소만으로 산출했던 Porter의 다이아몬드 모델보다 더 높은 경쟁력을 보인다. 그러나 싱가포르의 인적요소 다이아몬드가 한국보다 크다는 사실과 양국 간 순위 차가 Model 1에 비해 더 커진 사실 등을 고려해 보면 인적요소에서 싱가포르가 한국보다 더 경쟁력이 있다는 사실을 알 수 있다.

마지막으로 DDD 모델을 통해 양국의 국가경쟁력을 측정해 보면(Model 4), 한국의 순위는 Model 2에서의 순위와 동일한 반면 싱가포르는 2단계 상승하는데, 이는 싱가포르가 국제적인 차원에서 한국보다 더욱 경쟁력이 있음을 나타낸다. 인적요소를 국제 차원으로 확장하면 국내요소만 고려했을 때 경쟁력이 낮았던 싱가포르 근로자의 경쟁력도 한국보다 높고 나머지 항목에서도 그 차이가 더 커진다.

그림 6-3 DDD 모델로 분석한 한국과 싱가포르의 국가경쟁력

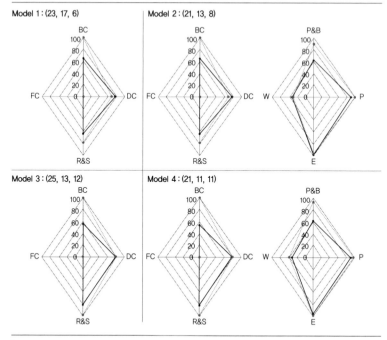

* FC : 생산요소조건, BC : 경영여건, R&S : 관련 및 지원 산업, DC : 시장수요조건
* W : 근로자, P&B : 정치가 및 행정관료, E : 기업가, P : 전문가
* 괄호 안의 숫자는 순서대로 세계 66개국 중 '한국의 국가경쟁력 순위', '싱가포르의 국가경쟁력 순위', 그리고 '양
  국의 순위 차' 임
* 모델의 지수는 각 모델의 최대값을 100으로 해 내부적으로 표준화됐음

    물적요소와 인적요소를 모두 고려해 보면 싱가포르는 생산요소조
건을 제외한 모든 변수에서 한국보다 높은 경쟁력을 보이고 생산요
소조건에서도 한국과 거의 동일한 경쟁력을 보인다. 즉 Model 1에
서 6단계의 차이를 보이며 다이아몬드 모양만으로는 우열을 가리기
어려웠던 한국과 싱가포르의 경쟁력이 DDD 모델을 통해 분석하면
11단계의 차이를 보이면서 거의 모든 분야에서 싱가포르가 경쟁력

이 높다는 것을 알 수 있다.

또한 4장에서 GDD 모델을 통해 분석한 한국과 싱가포르의 사례와 비교해 보면 DDD 모델이 국내 및 국제 인적요소를 통해 한국과 싱가포르의 경쟁력을 더욱 자세히 설명하고 그에 따라 더욱 의미 있는 전략적 함의를 제공한다는 사실을 알 수 있다. 결국 DDD 모델을 적용하면 국가경쟁력을 더욱 효과적으로 측정할 수 있으며, 특히 싱가포르같이 작지만 개방적이고 역동적인 국가의 경쟁력을 설명하는 데 매우 유용하다는 것을 알 수 있다. 이상의 결과를 종합해 보면, DDD 모델은 국가경쟁력의 범위와 원천을 하나의 모델에서 포괄적으로 확장함으로써 국가경쟁력에 대한 설명력을 높였으며 선진 대국뿐만 아니라 후진 소국의 경쟁력까지 효과적으로 분석할 수 있다는 사실이 실증적으로 입증됐음을 알 수 있다.

3 결론

       1부 이론편의 마지막 장인 6장에서는 전통 경제학적 패러다임을 뒤집은 Porter의 다이아몬드 모델과 그 확장 모델들에 관한 논의를 종합해 도출한 DDD 모델의 이론적 타당성 및 실증적 설명력에 대해 살펴봤다. 더블 다이아몬드 모델, GDD 모델, 9-팩터 모델 등은 Porter의 다이아몬드 모델을 국가경쟁력의 범위와 원천의 차원에서 효과적으로 확장했지만 이를 더욱 발전시킨 DDD 모델은 선진 대국의 경쟁력뿐 아니라 후진 소국의 경쟁력까지 효과적으로 분석할 수 있다는 것을 보여준다.

   이상으로 '국가경쟁력이란 무엇인가?'라는 질문으로 시작했던 이론편을 마치고 2부 실제편에서는 이론편을 통해 밝혀진 국가경쟁력의 개념과 그 평가 모델을 바탕으로 국가경쟁력을 실질적으로 측정

표 6-1 국가경쟁력 모델과 경제 변수 간의 상관관계 분석

	국토면적	1인당 국토면적	GDP	GDP 증가율	1인당 GDP
Model 1 : The Single Diamond	0.162	0.11	0.440**	−0.378**	0.875**
	0.097	0.19	0.000	0.001	0.000
	66	66	66	66	66
Model 2 : The Nine-Factor	0.085	0.043	0.376**	−0.384**	0.847**
	0.249	0.366	0.001	0.001	0.000
	66	66	66	66	66
Model 3 : The Generalized Double Diamond	0.188	0.088	0.479**	−0.357**	0.867**
	0.066	0.242	0.000	0.002	0.000
	66	66	66	66	66
Model 4 : The Dual Double Diamond	0.087	0.024	0.383**	−0.370**	0.842**
	0.243	0.425	0.001	0.001	0.000
	66	66	66	66	66
Model 2−Model 1[1]	−0.348**	−0.306**	−0.269*	−0.055	−0.071
	0.002	0.006	0.014	0.331	0.286
	66	66	66	66	66
Model 3−Model 1[2]	−0.005	−0.172	−0.152	0.361**	−0.659**
	0.483	0.084	0.112	0.001	0.000
	66	66	66	66	66
Model 4−Model 1[3]	−0.316**	−0.351**	−0.303**	0.103	−0.293**
	0.005	0.002	0.007	0.205	0.008
	66	66	66	66	66

1) 9-팩터 모델로 측정한 지수−Porter의 다이아몬드 모델로 측정한 지수
2) GDD 모델로 측정한 지수−Porter의 다이아몬드 모델로 측정한 지수
3) DDD 모델로 측정한 지수−Porter의 다이아몬드 모델로 측정한 지수
자료들은 'Pearson 상관 계수', '유의수준(단측)', '자료의 개수' 순으로 정리되어 있음
**$p < 0.01$; *$p < 0.05$; 단측검정.
(Cho, Moon, and Kim, 2006, 《Competitive Strategy to Enhance National Competitiveness》)

하고 분석해 궁극적으로 국가경쟁력을 향상시키는 데 필요한 전략을
수립하는 일련의 과정에 대해 살펴보겠다.

요약

Porter의 다이아몬드 모델을 국가경쟁력 범위와 원천 차원에서 확장시킨 기존 모델들을 하나의 모델로 통합한 DDD 모델은 기존 확장 모델이 지니고 있던 이론적 한계를 극복해 국가경쟁력에 대해 좀더 높은 설명력을 보여준다. 물적요소와 인적요소를 국내 및 국제 차원에서 확장시킨 DDD 모델은 선진 대국의 경쟁력뿐 아니라 후진 소국의 경쟁력까지 효과적으로 분석할 수 있다.

DDD 모델 및 기타 확장 모델을 통해 전세계 66개 국가의 국가경쟁력을 산출해 국가의 규모 및 경제발전 단계와의 상관관계를 구해본 결과 DDD 모델이 다른 모델보다 포괄적이라는 사실을 알 수 있었다. 또한 한국과 싱가포르의 경쟁력을 DDD 모델로 분석한 결과 기존 모델로는 파악할 수 없었던 양국의 국가경쟁력 차이를 명확히 밝힐 수 있었다. 따라서 DDD 모델은 이론적으로 타당하고 실증적으로 설명력이 높다는 사실을 알 수 있다.

실제편 : 국가경쟁력의 측정 및 활용

국가경쟁력의 측정 및 활용

다양한 결과와 의미 있는 결과

현재 여러 기관에서 국가경쟁력에 관한 순위를 발표하고 있으나 그 편차가 심하다. 이러한 결과에 대해 여러 가지 견해가 있으나 가장 근본적인 이유는 국가경쟁력을 올바르게 분석할 수 있는 모델을 사용하지 않았다는 점에서 찾을 수 있다. 즉 기존 보고서에는 이론편에서 살펴본 바와 같은 국가경쟁력 분석 모델을 찾아볼 수 없기 때문에 동일한 현상에 대해 상이한 해석을 하게 되는 것이다. 나아가 국가경쟁력에 대한 평가에서 현실적으로 의미 있는 결과를 얻으려면 단지 측정만으로는 부족하다. 측정 결과를 자국의 현실에 맞도록 분석하고 이를 통해 국가경쟁력 향상 전략을 도출하고 실천함으로써 국가경쟁력을 실질적으로 발전시켜야 의미가 있다.

첫번째 기사의 내용을 보면 미국과 핀란드의 국가경쟁력을 비교할 때 밴텀급과 헤비급이라는 표현을 사용함으로써 이들 국가를 동일하게 비교하는 것이 무리라는 것을 잘 보여주고 있다. 두번째 기사

국가경쟁력 측정해 활용하기

… 경쟁력 순위는 물론 절대적인 것이 아니며 조사 기관에 따라 편차도 심하다.
WEF 랭킹에서는 핀란드가 수년째 단골 1위지만 IMD 랭킹에서는 미국이 부동의 1
위다. IMD 랭킹 2위인 홍콩은 WEF 랭킹에선 한국보다 11단계 아래인 28위다. '세
계의 공장' '소프트파워의 대국' 중국과 인도는 IMD 랭킹에서는 30위권이지만
WEF 랭킹에서는 49위와 50위에 처져 있다. 부존자원도 빈약한 인구 500만의 핀
란드가 '세계의 혁신센터' 미국을 제치고 어떻게 1등을 도맡을 수가 있을까? …
밴텀급인 핀란드가 헤비급을 제치고 1등이 된 것은 이런 강소국(强小國)의 강점을
높이 샀기 때문이다. (이하 생략)

(2005년 10월 4일, 〈중앙일보〉, '국가경쟁력 순위 제대로 읽자')

… IMD가 11일 발표한 '2005 세계 경쟁력 보고서'에 따르면 한국은 조사대상 60
개 국가 중 29위를 차지, 지난해보다 6계단 상승했다. 1인당 국민총생산(GDP) 1만
달러 이상인 36개 국 중에서는 24위(4계단 상승)로 조사됐고, 인구 2,000만 명 이
상인 30개 국 중에서는 11위(4계단 상승)였다. 15개 아시아 태평양 국가 중에서는
지난해보다 2계단 상승한 10위를 차지했다. (이하 생략)

(2005년 5월 12일, 〈한국일보〉, '한국 국가경쟁력 29위, 6계단 상승 … 태국·말레이시아에 뒤져')

에서는 GDP와 인구를 통해 이러한 국가 간의 '체급'을 현실적으로
구분하고자 했다. 결국 개별 국가의 특성을 고려해 실질적으로 경쟁
하고 있는 국가와 비교해야 정확한 경쟁 위치를 파악할 수 있다. '체
급'을 나누는 기준은 여러 가지가 있으나 그 중에서도 좀더 현실적으
로 의미 있는 기준을 적용해야 국가경쟁력을 올바로 분석할 수 있다.
나아가 국가경쟁력의 위치와 경쟁자를 파악했다면 개별 국가의 경쟁
력 구조를 파악해 자국에 맞는 국가경쟁력 향상 전략을 수립하고 실

행해 국가경쟁력을 발전시켜야 국가경쟁력 평가의 궁극적인 목표를 달성할 수 있다.

실제편의 구성

우리는 이론편에서 국가경쟁력에 관한 여러 논의와 모델들을 통해 국가경쟁력의 본질을 살펴봤다. 이제 견고히 확립된 이론을 발판으로 국가경쟁력을 실질적으로 측정하고 분석해 이를 발전시킬 수 있는 전략을 도출하고 실행함으로써 국가경쟁력을 높여야 한다. 이에 제2부 실제편에서는 '측정-분석-시뮬레이션-실행'이라는 일련의

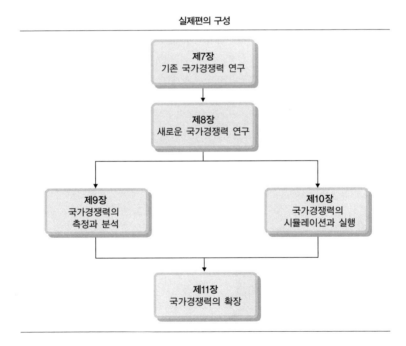

실제편의 구성

과정을 통해 국가경쟁력을 측정하고 활용하는 방법에 대해 살펴보고 자 한다.

먼저 7장에서는 국가경쟁력에 대한 기존 보고서들의 연구 방법론을 살펴보고 그 문제점에 대해 논의한 후 이들 문제점을 보완한 새로운 보고서를 8장에서 고찰한다. 9장과 10장에서는 새로운 보고서에서 제시된 국가경쟁력의 종합적인 평가방법론을 자세히 살펴본다. 우선 9장에서는 국가경쟁력의 측정 모델과 국가 그룹에 대해 구체적으로 논의하고 10장에서는 실제 사례를 통해 전략 시뮬레이션과 그 결과를 실행하는 방법을 생각해 본다. 마지막 11장에서는 지금까지 논의한 국가경쟁력을 확대 적용해 경쟁력의 모든 분석 수준에 포괄적으로 적용할 수 있는 본질에 대해 생각해 논의하겠다.

기존 국가경쟁력 연구

【잘못된 이야기】

… 그러나 WEF의 분석 모델에는 문제가 있고 WEF도 이를 고백하고 있다. WEF는 국가경쟁력 평가지표를 거시적 차원에서 성장경쟁력을 측정하는 GCI와 미시적 차원에서 경영경쟁력을 측정하는 BCI로 구분해 왔다. 한국은 GCI 지수에서 올해 17위를 기록했고 WEF의 논리에 따르면 이는 한국 국가경쟁력의 일부분만을 고려한 반쪽짜리 평가다. 한편 BCI 지수는 작년과 동일한 24위를 기록했다. 결국 한국의 경쟁력은 전체의 반쪽에서만 상승한 것이다.

문제는 여기서 그치지 않는다. WEF는 2004년 보고서에서 경쟁력의 거시적 측면과 미시적 측면은 분리될 수 없고 분리돼서도 안 된다고 믿기 때문에 GCI와 BCI를 통합한다고 밝혔다. 이는 분리된 모델로는 측정 불가능한 국가경쟁력을 지금까지 GCI 및 BCI 모델로 이원화해 측정해 온 WEF의 분석 모델이 잘못됐고 이제 이를 깨달아 수정하겠다는 자백이다. 그러나 아직까지도 완전히 통합된 새 모델을 확실하게 제시하지 못하고 있다. (이하 생략)

(2005년 10월 9일, 〈한국경제〉, '다산칼럼-WEF·OECD 반쪽짜리 보고서')

… 이 기관(IMD)의 순위 발표 후 필자는 이 평가가 어떠한 과정과 변수로 평가했는지 세부 사항까지 조사 분석해 보았다. 분석 결과 국가경쟁력 평가 방법과 순위 비교 방법이 일반적인 평가가 가져야 할 보편적인 방법에서 어긋난 심각한 결함을 가지고 있다는 것을 발견했다. (이하 생략)

(2004년 5월 10일, 〈한겨레〉, 'IMD 국가경쟁력 평가의 문제점')

하나의 현상에 대해 취하는 관점에 따라 상이한 결과를 얻을 수 있다. 더구나 국가경쟁력과 같은 추상적인 개념에 대한 이해에서는 그 차이가 더욱 커질 수 있다. 그러나 이론편에서 살펴본 바와 같은 분석 모델이 결여되어 있다면 현상을 일관적이고 포괄적으로 바라보기 힘들다. 나아가 객관성이 결여된 방법론에 기초해 결과를 도출했다면 그 내용을 신뢰하기는 더욱 힘들다.

이에 7장에서는 국가경쟁력 보고서의 양대 축을 이루고 있는 국제경영개발대학원(International Institute for Management Development : IMD)의 '세계경쟁력연감(IMD World Competitiveness Yearbook)'과 세계경제포럼(World Economic Forum : WEF)의 '세계경쟁력보고서(The Global Competitiveness Report)'의 내용을 간략히 살펴보고 그 문제점을 분석함으로써 국가경쟁력을 올바로 측정해 효과적으로 활용할 수 있는 방안을 도출하기 위한 기초를 다지고 새로운 보고서의 필요성을 확인해 본다.

1 IMD의 '세계경쟁력연감'

IMD는 스위스에 소재한 경영 대학원으로 1946
년에 스위스 제네바에 설립된 유럽 최초의 비즈니스 스쿨인 IMI와
1957년에 설립된 IMEDE가 합쳐져 1990년에 설립됐다. 1989년부터
'세계경쟁력연감'을 통해 기업의 경쟁력을 지속시키기 위해 필요한
환경을 조성하고 유지하는 국가의 능력을 분석해 그 순위를 발표하
고 있다.

  IMD의 2005년 보고서는 전세계 주요 60개 국가 및 지역을 대상으
로 국가경쟁력을 분석하고 있다. 평가 항목은 표 7-1에서 볼 수 있
는 바와 같이 총 314개 항목으로 구성되는데, 이들 항목은 4개의 대
분류(경제 성과, 정부의 효율성, 기업의 효율성, 인프라)를 각각 5개로 나눈
중분류 항목으로 구성되어 있다. 314개의 평가 항목은 201개의 경성

표 7-1 IMD 보고서의 평가 항목

대분류	중분류	세부 항목 개수
경제 성과	국내 경제, 국제 무역, 국제 투자, 고용, 물가	77
정부의 효율성	공공 금융, 재정 정책, 제도 환경, 경영 법제, 사회 체제	73
기업의 효율성	생산성 및 효율성, 노동시장, 금융, 경영 기법, 태도와 가치	69
인프라	기본 인프라, 기술 인프라, 과학 인프라, 보건 및 환경, 교육	95
전체	20개 중분류	314

출처 : IMD World Competitiveness Yearbook(2005)

자료(hard data)와 113개의 연성 자료(soft data, 설문조사 항목)로 구분되
는데, 경성 자료 중 참고용(background information)으로 사용되는 73
개 항목을 제외한 총 241개 항목(경성 자료 128개, 연성 자료 113개)을 사
용해 국가경쟁력 지표를 산출하고 있다.

경성 자료는 국제 및 정부 통계 자료를 사용하고 연성 자료의 경
우 전세계 57개의 협력 연구 기관을 통해 실시한 설문조사(Executive
Opinion Survey)를 바탕으로 작성된다. 설문조사는 조사 대상 60개 국
의 최고 경영자를 대상으로 실시했으며 2005년에는 4,000명에게서
응답을 받았다. 경성 자료와 연성 자료는 전체 평가 항목에서 차지하
는 비율에 따라 각각 3분의 2, 3분의 1의 가중치를 부여받는다.

각 국가의 국가경쟁력 지표 및 순위는 241개의 항목을 통해 그림
7-1과 같이 전체 순위(overall rankings), 부문별 순위(factor rankings),
항목별 순위(criteria rankings)를 산출한다. 나아가 이를 바탕으로 국가
별 강점 및 약점 항목의 순위와 시뮬레이션 순위를 제시한다.

IMD 보고서는 국가별 특성을 고려해서 순위를 산출하기 위해 인
구, 1인당 국민소득, 지역 등을 기준으로 국가를 분류하고 순위를 산

그림 7-1 IMD 보고서의 순위 산출 과정

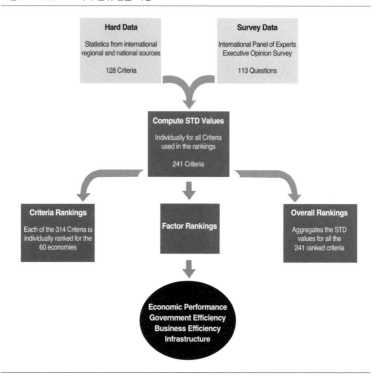

출처 : IMD World Competitiveness Yearbook(2005)

출한다. 인구는 2,000만 명을 기준으로 두 개의 그룹으로 분류하고, 1인당 국민소득은 1만 달러를 기준으로 두 개의 그룹으로 나눈다. 지역은 유럽 및 중동 아프리카, 아시아 태평양, 미주의 세 개 지역으로 구분한다.

WEF의 '세계경쟁력보고서' 2

      WEF는 스위스 다보스에 자리하고 있으며 1971 년 경영학자인 Klaus Schwab이 창설, 당초 유럽이 당면해 있던 경제 문제를 논의하기 위해 지역 기구로 출발, 지금은 세계적인 민간 경제 기관으로 성장했다. 1979년 경쟁력 평가를 시작해 1987년부터는 IMD와 공동으로 연구하다가 1996년부터 다시 IMD와 독립적으로 연구를 실시해 '세계경쟁력 보고서'를 발간해 오고 있다.

    WEF 2005-2006년 보고서는 국제 기구 및 정부 기관 등을 통해 수집한 경성 자료와 전세계 122개 협력 연구 기관을 통해 수집한 설문 조사 결과를 바탕으로 9개 부문에 걸쳐 총 142개 항목으로 전세계 117개 국가의 국가경쟁력을 분석하고 있다. 이 9개 부문은 전반적 성과, 거시경제 환경, 기술 혁신 및 확산, 인적자원, 인프라, 공공 기관,

표 7-2 WEF의 국가경쟁력 지표

지표	개념	구성변수
성장경쟁력 지수 (Growth Competitiveness Index, GCI)	• 중장기적으로 지속 가능한 성장 등 거시적 관점에서 경쟁력 파악	• 거시경제 환경 지수 • 공공 기관 제도 지수 • 기술 · 혁신 지수
기업경쟁력 지수 (Business Competitiveness Index, BCI)	• 현재의 생산성 수준 등 미시적 관점에서 경쟁력 파악	• 기업 운영 및 전략의 세련도 지수 • 국내 경영 환경의 질 지수
세계경쟁력 지수 (Global Competitiveness Index, Global CI)	• GCI와 BCI의 내용을 통합하여 국가경쟁력의 거시적인 측면과 미시적인 측면을 모두 고려하는 발전적 모델	• 제도 • 인프라 • 거시경제 • 보건 및 기초 교육 • 고등 교육 및 훈련 • 시장의 효율성 • 기술 준비도 • 경영의 세련도 • 혁신

국내 경쟁 및 클러스터, 기업 활동 및 전략, 환경 등으로 구성되어 있다. 또한 142개 항목은 경성 자료 28개와 연성 자료 114개로 이루어져 있다. WEF 보고서의 각 지표는 이 자료들을 활용해 산출된다.

　WEF 보고서는 표 7-2에서 볼 수 있는 바와 같이 성장경쟁력 지수(Growth Competitiveness Index : GCI)와 기업경쟁력 지수(Business Competitiveness Index : BCI), 세계경쟁력 지수(Global Competitiveness Index : Global CI) 등 총 세 가지의 지표를 제시하고 있다.

성장경쟁력 지수(GCI)

WEF의 대표적 국가경쟁력 지표로 언론에 많이 보도되는 GCI는 기

표 7-3 GCI를 구성하는 세 가지 변수와 가중치

핵심 국가[1]	비핵심 국가[2]
(1/2) 기술 · 혁신	(1/3) 기술 · 혁신
+(1/4) 공공 기관 · 제도	+(1/3) 공공 기관 · 제도
+(1/4) 거시경제 환경	+(1/3) 거시경제 환경

1) 핵심 국가 : 인구 100만 명당 미국 특허등록 건수가 15개 이상인 국가
2) 비핵심 국가 : 인구 100만 명당 미국 특허등록 건수가 15개 미만인 국가

술 · 혁신, 공공 기관 · 제도, 거시경제 환경의 3개 변수의 합으로 산
출되는데 이들 세 개 변수는 국가의 특성에 따라 상이한 가중치를 갖
는다. 표 7-3에서 볼 수 있는 바와 WEF 보고서의 GCI는 인구 100만
명당 미국 특허등록 건수를 기준으로 핵심(core) 및 비핵심(non-core)
국가를 구분하는데, 이에 따라 GCI를 구성하는 세 개 변수는 각각
상이한 가중치 값을 갖는다.

이 세 개의 대분류는 표 7-4에서 볼 수 있는 바와 같이 다시 다수

표 7-4 GCI를 구성하는 중분류 변수와 가중치

구분	핵심 국가	비핵심 국가
기술 · 혁신 (Technology Index)	=(1/2) 혁신(Innovation) +(1/2) ICT(Information and Communication Technology)	=(1/8) 혁신(Innovation) +(3/8) 기술이전(Technology Transfer) +(1/2) ICT(Information and Communication Technology)
공공 기관 · 제도 (Public Institutions Index)	=(1/2) 계약 및 법(Contracts and Law) + (1/2) 부패(Corruption)	
거시경제 환경 (Macroeconomic Environment Index)	=(1/2) 거시경제안정성(Macroeconomic Stability) +(1/4) 국가신용등급(Country Credit Rating) +(1/4) 정부지출(Government Waste)	

의 중분류 변수로 구성되고 각각 상이한 가중치를 갖는다. 이들 중분류 항목은 총 34개의 세부 항목으로 구성된다. 세부 항목에 대한 자세한 내용은 7장 끝 부분에 수록했다.

기업경쟁력 지수(BCI)

BCI는 Michael Porter의 다이아몬드 모델을 바탕으로, 기업 운영 및 전략의 세련도(sophistication of company operations and strategy)와 국내 경영 환경의 질(quality of the national business environment ranking) 두 그룹으로 구성되어 있다. 기업 운영 및 전략의 세련도는 생산요소조건, 시장수요조건, 관련 및 지원 산업, 기업의 전략, 구조, 경쟁관계 등 4개 하위 그룹으로 분류하며, 개별 하위 그룹은 WEF의 설문조사 자료 및 경성 자료들로 구성된다. 기업경쟁력 지수는 이 두 그룹의 가중 평균으로 산출되고 가중치는 해당 그룹과 1인당 국민소득 간의 회귀분석을 통해 그 계수로 결정된다.

세계경쟁력 지수(Global CI)

Global CI는 WEF가 그간 발표해 오던 GCI와 BCI의 한계를 발견하고 이를 통합해 국가경쟁력의 거시경제적인 측면과 미시경제적인 측면을 모두 고려하는 통합모델로, 향후 WEF의 대표적인 국가경쟁력 지표가 될 예정이다. Global CI의 연구를 주도해 온 컬럼비아 대학 Xavier Sala-i-Martin 교수와 하버드 대학 Elsa V. Artadi 교수에 따르

표 7-5 Global CI의 구성

대분류	중분류	세부 항목 개수
제도 (Institutions)	공공 제도(Public institutions)	11
	일반 제도(Private institutions)	4
인프라(Infrastructure)		6
거시경제(Macroeconomy)		6
보건 및 기초 교육(Health and primary education)	보건(Health)	8
	기초교육(Primary education)	1
고등 교육 및 훈련 (Higher education and training)	교육의 양(Quantity of education)	2
	교육의 질(Quality of education system)	3
	직무 교육(On-the-job training)	2
시장의 효율성 (Market efficiency)	상품시장(Goods markets)	12
	노동시장(Labor markets)	12
기술 준비도 (Technical readiness)		7
경영의 세련도 (Business sophistication)	네트워크 및 지원 산업 (Networks and supporting industries)	2
	기업 운영 및 전략의 세련도 (Sophistication of firms operations and strategy)	6
혁신 (Innovation)		8

면, GCI는 국가경쟁력의 거시적인 측면을 측정해 왔고 BCI는 미시적인 수준에서 국가경쟁력을 분석해 왔는데, 거시적인 측면과 미시적인 측면을 나누어 생각한다면 국가경쟁력을 올바로 이해할 수 없다. 이에 이들은 두 차원의 모델을 하나로 통합해 모델을 Global CI 모델을 작성했다. 〈WEF 2005-2006년 보고서〉는 표 7-5에서 볼 수 있는 바와 같이 총 9개 부문(pillar)에 걸친 90개 자료를 활용해 Global CI(Global Competitiveness Index)를 산출했다.

3

기존 보고서의 **문제점**

이론적 배경의 부재

IMD와 WEF는 2005년 한국의 국가경쟁력을 전년보다 높게 평가했다. IMD는 한국을 조사 대상 60개 국가 및 지역 중 29위로 평가해 전년보다 6단계 높이 평가했고 WEF는 117개 조사 대상국 중 17위로 평가해 전년보다 12단계나 높게 평가했다.

그러나 서론의 사례에서 살펴본 바와 이들 보고서에 나타난 한국의 경쟁력은 이른바 널뛰기를 하고 있다. 한 국가의 경쟁력이 매년 큰 폭의 변화를 보인다는 것은 상식적으로 이해하기 어렵다. WEF 2004-2005년 보고서에 나타난 한국의 경쟁력은 2003년과 비교해 11단계나 떨어졌다. 그리고 올해는 작년 한국은 전년 대비 12단계나 상승해 이번 조사 대상 117개 국가 중에서 최고의 상승 폭을 나타냈다. 이에 대해 WEF측은 한국이 신용카드 대란 후유증에서 벗어나 거시경제가 안정됐기 때문이라고 설명하고 있으나, 이러한 큰 폭의 상승과 하락에 대해 의구심을 배제할 수 없는 것이 사실이다.

뿐만 아니라 WEF 2005-2006년 보고서에서는 아랍에미리트, 카타르, 에스토니아 등이 홍콩과 프랑스보다 순위가 높은 것으로 평가됐는데 이는 쉽게 수긍하기 어렵다. 또한 IMD 2004년 보고서를 보면, 말레이시아가 16위를 차지해 독일(21위), 영국(22위), 일본(23위)보다 높게 평가됐는데, 이 역시 이해하기 힘들다. 이러한 문제점을 인식했는지 IMD 2005년 보고서에서는 말레이시아가 28위를 기록해 전년보다 12위나 하락하여 일본(21위), 영국(22위), 독일(23위)보다는 낮게 평가됐다.

이러한 현상에 대해 여러 가지 분석이 나오고 있지만 결국 가장 근본적인 문제는 국가경쟁력에 관한 연구를 기반으로 한 이론적 배경이 없다는 사실에서 그 이유를 찾을 수 있다. 즉 IMD나 WEF의 국가경쟁력 보고서에는 이론편에서 살펴본 국가경쟁력 이론들을 바탕으로 한 분석 모델을 찾을 수 없다. 이로 인해 IMD 및 WEF의 보고서는 많은 문제점을 안고 있다.

첫째, 국가경쟁력을 분석하기 위한 지표 및 항목이 자주 변경됐다. 그림 7-2는 IMD 및 WEF 보고서에서 국가경쟁력을 평가 항목들이 변화해 온 과정을 설명하고 있다. 양 보고서 모두 큰 변화가 있었다는 것을 알 수 있고, 특히 WEF의 보고서에서 더 잦은 변화를 확인할 수 있다. IMD는 8개 항목에 대해 평가를 해오다가 2001년부터는 4개 항목으로 국가경쟁력을 평가하고 있다. WEF 역시 IMD의 항목과 거의 흡사한 8개 항목을 활용해 국가경쟁력을 분석해 오다가 2000년부터 항목의 수가 대폭 수정됐는데, 그 후 해마다 그 수가 변해 2005-2006년 보고서에서는 9개 항목에서 평가를 하고 있다.[4] 평가 항목뿐 아니라 국가경쟁력 지표 또한 많은 변화를 겪어왔다. IMD의 경우 단일 지표를 발표해 오다가 2003년부터는 인구를 기준으로 한 새로운 지표를 추가했다. WEF 역시 단일 지표를 발표해 오다가 2000년부터 국가경쟁력을 거시적인 측면에서 분석한 지표와 미시적으로 평가한 지표를 구분해 발표하기 시작했다. 그림에서 볼 수 있는 바와 같이 미시적인 측면을 측정하는 지표는 CCI(Current Competitiveness Index)에서 시작해 MICI(Microeconomic Competitiveness Index)를 거쳐 현재 BCI(Business Competitiveness Index)로 그 이름을 지속적으로 변경해 왔다. 또한 2004년 보고서부터는 Global CI를 추가해 총 3개의 지표를 함께 수록하고 있다.

둘째, 이론적 배경이 없어 연구의 체계가 수립되지 않았고 이로 인해 모순적인 연구 결과가 도출되고 있다. WEF의 보고서는 거시경제 환경, 공공 기관, 기술 수준 등 3개의 변수를 사용해 GCI를 산출하고, 기업 전략, 미시경제 환경 2개의 변수를 활용해 BCI를 산출한 뒤 이를 GCI 모델과 함께 보완적으로 사용하고 있다. 이렇듯 두 가지 지표를 산출하는 이유에 대해 WEF는 국가경쟁력이라는 현상을 두 가지 측면에서 바라보기 위해 거시적 생산성을 측정하는 GCI와 미시적 차원의 생산성을 측정하는 BCI를 산출해 왔다고 한다. 언론

---

[4] WEF 보고서에서 국가경쟁력을 평가한 항목의 변화 과정과 그 세부 내용은 7장 끝 부분 참조.

그림 7-2 IMD 및 WEF 국가경쟁력 보고서의 평가 항목 변화 추이

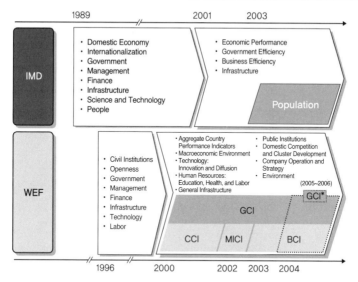

GCI: Growth Competitiveness Index CCI: Current Competitiveness Index
MICI: Microeconomic Competitiveness Index BCI: Business Competitiveness Index GCI*: Global Competitiveness Index

에서 보도하는 WEF의 순위는 보통 GCI 순위를 의미한다. 즉 한국이 17위를 차지했다는 사실은 GCI 순위만을 의미하는 것으로, WEF의 논리에 따르면 이는 한국 국가경쟁력의 한 쪽 측면만을 측정한 것이다. 결국 하나의 현상을 두 가지 서로 다른 관점에서 바라봄으로써 전체를 포괄적으로 파악하지 못하고 있다.

　WEF는 이러한 문제점을 스스로 고백하고 있다. WEF는 2004년 보고서부터 새로운 Global CI를 산출하고 있으며, 향후 GCI와 BCI 를 이 지수로 통합한다고 밝히면서 국가경쟁력의 거시적인 측면과 미시적인 측면은 분리해서 생각할 수 없고 분리해서도 안 된다고 했다. 이러한 주장이 옳다면 그간 GCI와 BCI 모델을 통해 거시적인 측

면과 미시적인 측면을 각각 분리해서 분석해 온 WEF의 연구 결과에 치명적인 문제점이 있다는 것을 자백하는 셈이다.

전술한 바와 같이 GCI와 BCI는 국가경쟁력의 상호 보완적인 측면을 측정해 온 지표이기 때문에 이 지표들 간에는 높은 상관관계가 나타나게 마련이고 실제 자료에서도 상관관계가 매우 높다. 이상의 내용을 정리하면 분리해서 측정 불가능한 국가경쟁력을 그간 GCI 및 BCI 모델로 이원화해 측정해 온 WEF의 모델이 잘못됐고 이제 이를 깨달아 수정하겠다는 말로 이해할 수 있다.

결국 IMD나 WEF의 국가경쟁력 연구 내용을 보면 이론적 배경이 없어 연구가 일관되지 못하고 이로 인해 체계적인 연구 방법을 수립하지 못함으로써 모순적인 방법을 사용하는 등의 문제점이 있다는 사실을 알 수 있다.

과학적 연구 방법론

수집된 자료를 처리하는 과정에서 가중치(weight)를 부여하게 된다. 가중치는 전체 현상에 특정 변수의 기여도를 고려해 부여해야 올바른 결과를 얻을 수 있다. 이러한 가중치 부여 체계는 이론에 바탕을 두고 과학적으로 실시해야 하는데, 그렇지 않을 경우에는 자의적으로 왜곡될 수밖에 없다.

IMD의 방법론을 살펴보면 특정한 가중치를 부여하는 체계가 없다. 따라서 모든 변수가 동일한 가중치를 부여받는 것처럼 보인다. 그러나 좀더 자세히 살펴보면 문제점을 발견할 수 있다. IMD 보고서는 경성 자료와 연성 자료를 2 대 1의 비율로 사용하는데, 이는 결국 경성 자료에 두 배의 가중치가 부여됨을 의미한다. 앞서 말한 바와 같이 가중치는 개별 변수가 국가경쟁력에 미치는 영향을 고려해 파악해야 한다. 따라서 국가경쟁력에 대한 영향력이 아니라 자료의 특성에 따라 가중치를 부여한다면 국가경쟁력을 올바로 평가할 수 없다.

이에 반해 WEF 보고서는 매우 정교한 가중치 체계를 사용한다. 이 체계에 따르면, 특정 변수가 다른 변수에 비해 높은 가중치를 받게 되는데 WEF 보고서의 경우 국가경쟁력을 분석하는 모델을 갖추고 있지 않기 때문에 특정 변수에 얼마의 가중치를 부여해야 하는가를 과학적으로 입증할 수 없다. 뿐만 아니라, WEF 보고서에 수록된 총 142개 항목은 경성 자료 28개와 연성 자료 114개로 이루어져 있다. 즉 경성 자료와 연성 자료가 약 1 대 4의 비율이므로 IMD의 경우와 마찬가지로 자료의 특성에 따라 보이지 않은 가중치를 받고 있다. 이 중 GCI 지표 산출에 소요되는 총 34개 자료에서도 경성 자료와 연성 자료는 각각 13개와 21개로, 실제로 상이한 가중치를 받고 있다.

또한 설문조사를 실시하는 방법에도 문제가 있다. 두 기관 모두 해외에 많은 협력 연구 기관을 통해 설문조사를 실시하고 있는데, 이들 기관을 유심히 살펴보면 학교, 정부 기관, 연구소, 산학 협동 기관 등의 기관이 나라마다 다양한 비율로 섞여 있다. 다양한 성격을 지닌 협력 기관을 통해 수행된 설문조사에는 설문 표본의 일관성을 확보하기 힘들다. 균질한 설문 표본을 통해 일관성 있는 결과를 도출하기 위해서는 단일 기관에서 설문조사를 실시해야 한다.

정책적 함의

IMD와 WEF 보고서는 전체 순위를 통해 조사 대상국을 1등에서 꼴 등까지 나열하고 있다. 이러한 방법은 개별 국가가 전세계 국가 중 몇 위를 차지하고 있는지에 대한 정보는 제공하나, 국가경쟁력을 발전시키기 위한 의미 있는 정책적 함의를 제공하지는 못한다. 예를 들어 IMD 2005년 보고서를 보면 미국이 1등을 하고 베네수엘라가 60 등을 차지했는데, 이를 통해 베네수엘라는 어떠한 정책적 함의를 얻을 수 있는가? 베네수엘라는 미국을 벤치마킹해서 기술 개발에 막대한 투자를 실시해야 하는가?

한 국가의 경쟁력을 향상시키기 위한 정책적 함의를 올바로 도출하기 위해서는 동일한 산업 분야에서 경쟁하며 비교우위 구조가 유사한 국가들과 비교해야 한다. 예를 들어 한국과 미국은 비교우위의 구조가 다르기 때문에 이 두 나라를 직접 비교하는 것은 의미가 없다. 미국 대신 비교우위가 비슷하고 국제 시장에서 경쟁하는 부문이 유사한 대만과 비교한다면 좀더 의미 있는 함의를 도출할 수 있다.

IMD와 WEF도 이러한 필요성을 반영해 인구 및 특허 건수를 기준으로 국가를 구분하고 그룹 내 순위를 산출한다. 그러나 이는 국가의 특성을 전반적으로 고려한 기준이 아니며 그 수치 또한 자의적인 면이 있다. 따라서 국가경쟁력 향상을 위한 효과적인 정책적 함의를 도출하기 위해서는 전체 순위뿐 아니라 유사한 특징을 지닌 국가들로 구성된 그룹 내 순위(intra-group rankings)도 고려해야 한다.

이상의 논의를 종합해 보면 국가경쟁력에 대한 양대 보고서라 할 수 있는 IMD와 WEF의 보고서는 오랜 역사와 명성에도 불구하고 이론적 배경에 바탕을 둔 모델이 없으며, 자료를 처리하는 방법이 과학적이지 못할 뿐만 아니라 의미 있는 정책적 함의를 도출하는 데도 한계가 있다는 사실을 알 수 있다. 국가경쟁력 보고서에 이러한 문제점이 있다면 이들 보고서가 제시하는 국가경쟁력 평가 결과는 현실적으로 신뢰하기 어려우며 결국 양 보고서의 문제점을 합리적으로 개선한 새로운 보고서가 필요하다는 결론에 이르게 된다.

새로운 보고서는 국가경쟁력에 관한 이론적 발전을 거쳐 산출된 모델을 통해 국가경쟁력을 과학적인 방법으로 측정하고 유사한 특징을 지니는 국가들을 효과적으로 분류해 그룹 내 순위를 산정함으로써 개별 국가의 정확한 경쟁 위치를 파악할 수 있는 분석 체계를 갖추어야 한다. 또한 산출된 결과를 바탕으로 의미 있는 정책적 함의를 도출하기 위해 국가경쟁력 구조를 밝힐 수 있는 방법을 제안해야 하며, 이를 통해 개별 국가의 현실과 특성에 맞는 실행 가능한 구체적인 국가경쟁력 강화 방안을 제시해야 한다. 이어지는 8장부터는 이러한 내용을 담은 새로운 국가경쟁력 연구 방법에 대해 논의하겠다.

표 7-6 GCI를 구성하는 변수의 분류

대분류	중분류	세부 항목	자료
기술·혁신 (Technology Index)	혁신 (Innovation)	기술 수준	연성
		기업의 신기술 습득 능력	연성
		기업의 R&D 투자	연성
		산학 협력	연성
		특허 건수	경성
		고등 교육 기관 진학률	경성
	기술 이전 (Technology Transfer)	해외 기술에 대한 면허 및 인가 취득 수준	연성
		FDI를 통한 신기술 도입 수준	연성
	정보통신 기술 (Information& Commu-nication Technology)	인터넷 학교 보급률	연성
		ISP 경쟁력	연성
		IT 우선 정책에 대한 기업의 선호도	연성
		IT 촉진 정책의 성과	연성
		IT 관련법	연성
		이동전화 사용자	경성
		인터넷 사용자	경성
		인터넷 호스트	경성
		개인 컴퓨터 보급률	경성
		유선 전화 보급률	경성
공공 기관·제도 (Public Insti-tutions Index)	계약 및 법 (Contracts and Law)	사법 기관의 독립성	연성
		재산권	연성
		정부관료의 정실주의	연성
		조직범죄가 초래하는 기업 비용	연성
	부패 (Corruption)	수출입 허가 관련 불법자금 공여	연성
		공공재 관련 불법자금 공여	연성
		세금 징수 관련 불법자금 공여	연성
거시경제 환경 (Macroeco-nomic Envi-ronment Index)	거시경제 안정성 (Macroeconomic Stability)	향후 경기 전망	연성
		신용 접근	연성
		정부 재정	경성
		저축률	경성
		실질실효 환율	경성
		인플레이션	경성
		이자율 스프레드	경성
	국가신용등급(Country Credit Rating)	국가신용등급	경성
	정부 지출 (Government waste)	정부 지출 낭비성	연성

(WEF, 2005)

표 7-7 WEF 보고서의 평가 항목 개수 변화와 세부 내용

연도	1999	2000	2001~2002	2002~2003	2003~2004	2004~2005	2005~2006
개수	8	12	11	12	11	10	9
1	Openness	Company Characteristics	Aggregate Country Performance Indicators	Aggregate Country Performance Indicators	Aggregate Country Performance Indicators	Aggregate Country Performance Indicators	Aggregate Country Performance Indicators
2	Government	Country Performance Indicators	Macroeconomic Environment	Macroeconomic Environment	Macroeconomic Environment	Macroeconomic Environment	Macroeconomic Environment
3	Finance	Government and Fiscal Policy Indicators	Technological Innovation and Diffusion	Technological Innovation and Diffusion	Technology : Innovation and Diffusion	Technology : Innovation and Diffusion	Technology : Innovation and Diffusion
4	Infrastructure	Institutions	Information and Communications Technology	Information and Communications Technology	Human Resources : Education, Health, and Labor	Human Resources : Education, Health, and Labor	Human Resources : Education, Health, and Labor
5	Technology	Infrastructure	General Infrastructure	General Infrastructure	General Infrastructure	General Infrastructure	General Infrastructure
6	Management	Human Resources	Public Institutions : Contracts and Law	Public Institutions : Contracts and Law	Public Institutions : Contracts and Law	Public Institutions	Public Institutions
7	Labor	Technology	Public Institutions : Corruption	Public Institutions : Corruption	Public Institutions: Corruption	Domestic Competition	Domestic Competition and Cluster Development
8	Civil Institutions	Finance	Domestic Competition	Domestic Competition	Domestic Competition	Cluster Development	Company Operation and Strategy
9	-	Openness to Foreign Trade and Capital Flows	Cluster Development	Cluster Development	Cluster Development	Company Operation and Strategy	Environment
10	-	Domestic Competition	Company Operations and Strategy	Company Operations and Strategy	Company Operations and Strategy	Environment	-
11	-	Company Operations and Strategy	Environmental Policy	Environmental Policy	Environment	-	-
12	-	Environmental Policy	-	International Institutions	-	-	-

요약

오랜 역사와 명성을 지닌 IMD과 WEF은 해마다 국가경쟁력에 관한 보고서를 발간하고 있다. IMD와 WEF는 다양한 평가 항목과 방법을 통해 전세계 여러 나라의 경쟁력을 평가해 기업인, 정부 관료, 학자 등 많은 사람들의 관심을 끌고 있다.

그러나 이들 보고서의 내용을 살펴보면 많은 문제점을 발견할 수 있다. 첫째, 보고서에 이론적 배경이 없다. 이로 인해 평가 항목 등 평가 관련 요소들이 자주 변경됐다. 이에 따라 연구 내용의 일관성이 없어 모순적인 연구 내용이 자주 도출된다. 둘째, 과학적 연구 방법론이 부족하다. 가중치가 자의적으로 부여되고 설문조사에서도 설문 대상의 일관성을 기대하기 힘든 상황이다. 셋째, 전략적 함의를 도출하기 위한 방법론이 부족하다. 국가경쟁력 향상을 위한 함의를 도출하기 위해서는 비교우위나 경쟁 산업이 유사한 국가들과 비교해야 하는데 이들 보고서에서는 이러한 필요를 충족시킬 방법이 부족하다. 따라서 검증된 이론에 근거한 모델을 통해 과학적인 방법으로 국가경쟁력을 측정하고, 실제 경쟁하는 국가들과 비교해 경쟁 위치를 올바르게 분석할 수 있으며, 국가경쟁력 구조를 파악해 경쟁력 향상을 위해 의미 있는 함의를 도출할 수 있는 새로운 보고서가 필요하다.

새로운 국가경쟁력 연구 : IPS 국가경쟁력연구보고서

【IPS 국가경쟁력연구보고서】

전문경영인의 역량 강화, 시장구조 성숙 등으로 인해 한국의 국가경쟁력이 상승 국면으로 돌아섰다고 산업정책연구원(IPS)이 9일 밝혔다. 산업정책연구원은 이날 발표한 IPS 국가경쟁력연구보고서 2005에서 한국의 국가경쟁력이 전세계 66개국 중 22위를 차지해 지난해의 25위에 비해 3단계 상승했다고 말했다. … 이번 연구의 책임자인 조동성 이사장은 "한국은 지난해와 비교할 때 '물적요소'에서 전반적인 상승세를 보였고 '인적요소'에서도 기업가 및 전문가 부문에서 괄목할 만한 성과를 거둬 국가경쟁력이 선진국형으로 강화됐다"고 말했다.

부문별로 보면 한국은 기업가의 경쟁력이 지난해보다 5단계 상승한 11위, 전문가 경쟁력이 3단계 상승한 17위였으며 시장수요조건 18위, 인프라 등 지원 산업 22위, 정치가 및 행정관료 32위, 경영여건 32위, 근로자 61위, 생산요소조건 57위 등이었다.

지난 1993년 설립된 산자부 산하 연구 기관인 IPS는 자체 평가 모델을 개발해 국가경쟁력 순위와 국가 브랜드 가치 평가 연구 결과 등을 발표하고 있다. 이번 보고서는 국제경쟁력연구원(IPS-NaC)과 공동으로 작성됐으며 국내외 통계자료와 코트라(KOTRA) 해외무역관을 통한 설문조사 결과를 토대로 했다.

(2005년 5월 9일, 〈조선일보〉, '한국, 국가경쟁력 세계 22위 … 3단계 상승')

산업정책연구원(IPS)이 9일 발표한 IPS 국가경쟁력연구보고서 2005에 따르면, 한국은 46.82점으로 국가경쟁력이 전세계 66개국 중 22위를 차지해 지난 2001년 보고서가 발표된 후 처음으로 전년 대비 3단계 상승한 것으로 조사됐다. … 연구원측은 "저비용·고효율의 산업 구조에서 벗어나 부가가치를 높인다면 국가경쟁력 지수가 60.90까지 올라가 세계 5위권 도약도 가능하다"면서 "이를 극복하지 못하면 경쟁력 지수가 34.48로 낮아져 최악의 경우 57위까지 추락할 수도 있다"고 경고했다.

(2005년 5월 9일, 〈파이낸셜뉴스〉, '한국 국가경쟁력 세계 22위 3단 상승')

산업정책연구원(IPS)과 국제경쟁력연구원(IPS-NaC)은 2001년부터 국가경쟁력을 올바로 측정, 분석하여 국가경쟁력 향상에 활용하기 위해 IPS 국가경쟁력연구보고서(IPS National Competitiveness Research Report)를 발간해 왔다. 이 보고서는 앞서 이론편에서 논의한 국가경쟁력 관련 이론에 바탕을 둔 모델을 적용해 국가경쟁력을 측정하며, 전체 순위와 더불어 개별 국가의 경쟁 위치를 명확히 파악하기 위한 그룹 순위도 함께 수록하고 있다. 뿐만 아니라 두번째 기사에서 확인할 수 있는 바와 같이 경쟁 전략 이론을 국가 차원에 적용한 전략 시뮬레이션을 통해 국가경쟁력 구조를 파악하고 이를 발전시키기 위한 전략적 함의를 도출할 수 있다. 나아가 개별 국가의 특성별로 최적의 발전 전략을 제시해 국가경쟁력 향상에 필요한 모든 과정을 수록하고 있다. 8장에서는 IPS 국가경쟁력연구보고서를 통해 국가경쟁력을 올바로 평가할 수 있는 방법에 대해 살펴보자.

1 IPS 국가경쟁력연구보고서

        산업정책연구원(The Institute for Industrial Policy Studies : IPS)과 국제경쟁력연구원(The Institute for Policy & Strategy on National Competitiveness : IPS-NaC)은 2001년부터 IPS 국가경쟁력연구보고서를 발간해 오고 있다. IPS는 1993년 산업자원부 산하 연구 기관으로 설립되어 세계 각국의 산업 정책에 대한 학술 연구 및 정부 기관에 대한 정책 자문과 일반 기업에 대한 전략 수립, 그리고 정부 관료와 기업 경영자에 대한 교육을 실시하고 있다. IPS-NaC는 재정경제부 산하 기관으로 국가 차원의 경쟁력 강화 방안 및 기업의 해외 비즈니스 전략 수립 등의 활동을 하고 있으며, 다수의 국·내외 정부 컨설팅을 통해 국가경쟁력 향상 방안을 제시한다.

  IPS 국가경쟁력연구보고서는 기존 보고서의 한계를 인식하고 국가경쟁력을 실질적으로 향상시킬 수 있는 방안을 제시한다는 목표를 달성하기 위해 만들어진 것이다. 이 새로운 보고서는 기존 보고서의 문제점을 극복하고 새로운 방법론을 제시한다. 이 장에서는 IPS 보고서의 내용을 자세히 살펴보고 기존 보고서와 비교해 봄으로써 새로운 보고서의 타당성과 국가경쟁력을 실질적으로 측정해 활용하는 방법에 대해 살펴보겠다.

IPS 국가경쟁력연구보고서의 구성

IPS 국가경쟁력연구보고서는 하이라이트(highlight), 국가경쟁력 구조 (national competitiveness structure), 논문(article), 항목별 순위(statistical table), 국가별 정보(country profile) 등 크게 다섯 부분으로 구성되어 있다. 먼저 하이라이트에서는 전체 보고서의 주요 정보를 제공한다. 이 항목에는 전체 국가경쟁력 순위(overall rankings), 그룹 내 순위, 전년 대비 국가경쟁력 성과(advancer, ordinary, lagger : AOL), 전략 시뮬레이션 결과표, 그리고 기타 보고서에서 사용되는 주요 개념에 대한 설명 등이 수록되어 있다. 국가경쟁력 구조 항목에서는 분석 모델인 DDD 모델을 통해 산출한 각 국가의 경쟁력 구조를 정리하고, 논문에서는 국가경쟁력을 올바로 측정해 효과적으로 활용하기 위해 연구한 이론과 방법론 등을 수록하고 있다. 항목별 순위에서는 275개 세부 항목, 23개 중분류, 8개 대분류 항목에 걸쳐 세계 66개 국가의 전체 순위와 그룹 내 순위를 정리하고 있으며, 국가별 정보에서는 이러한 내용을 국가별로 보여준다.

국가경쟁력 향상을 위한 종합적인 보고서

IPS 국가경쟁력연구보고서는 국가경쟁력을 단순히 측정하는 수준을 넘어서 '측정-분석-시뮬레이션-실행'이라는 일련의 과정을 통해 국가경쟁력을 향상시키기 위해 필요한 종합적인 평가방법론을 제시하고 있다.

국가경쟁력을 향상시키기 위해서는 우선 정확한 측정이 선행되어야 한다. 국가경쟁력을 올바로 측정한 후 실질적으로 경쟁하는 국가들과의 비교를 통해 개별 국가의 경쟁 위치 및 환경을 파악해야 한다. 그 후 개별 국가의 경쟁력 구조를 파악하기 위해 경쟁 전략을 국가 수준에 적용한 전략 시뮬레이션을 실시하고, 이를 통해 개별 국가의 특성에 맞는 경쟁력 향상 전략을 도출해야 비로소 국가경쟁력을 실질적으로 향상시킬 수 있는 구체적인 방안을 세울 수 있다. IPS 보고서는 국가경쟁력 향상 전략 수립에 필요한 정보와 방법론을 잘 정리하고 있는데, 이는 다음 절에서 좀더 자세히 살펴보겠다.

종합적인 **평가방법론**
측정–분석–시뮬레이션–실행

2

        IPS 국가경쟁력연구보고서는 그림 8–1에서 보는 바와 같이 국가경쟁력을 향상시키기 위한 일련의 방법론을 통해 국가경쟁력 측정 자료를 활용해 실질적으로 국가경쟁력 향상 전략을 실행할 수 있는 체계로 구성되어 있다. 먼저 DDD 모델을 활용해 국가경쟁력을 측정하고, 국가 그룹을 통해 개별 국가의 국가경쟁력을 분석한 뒤, 전략 시뮬레이션을 통해 국가경쟁력 구조를 밝히고, 마지막으로 최적 전략을 통해 국가경쟁력 향상 전략을 실행할 수 있는 구체적인 방안을 제시한다.

그림 8-1 IPS 국가경쟁력연구보고서의 종합적인 평가방법론

국가경쟁력의 측정 : DDD 모델

앞서 이론편에서 살펴본 바와 같이 국가경쟁력을 설명하는 이론은 그림 8-2처럼 발전해 왔다. Adam Smith로부터 시작되는 전통 경제학에서는 자본, 노동, 천연자원 등을 통해 국가경쟁력을 평가하려 했다. 그러나 자원 빈국이면서도 성공을 거둔 나라나 풍부한 자원을 보유하고도 경쟁력이 높지 않은 나라를 쉽게 발견할 수 있다. 즉 국가경쟁력은 전통 경제학이 주장하는 바와 같이 자본, 노동, 천연자원만으로 측정할 수 있는 것이 아니다.

1980년대에 들어서는 국가경쟁력이 정부의 산업 정책이나 경영기법에 의해 결정된다는 주장이 널리 퍼졌다. 그러나 이러한 주장에 대한 반대 사례 역시 쉽게 찾을 수 있다. 예컨대 일본의 경우, 정부가 적극적인 산업 정책을 실시한 산업에서는 경쟁력이 떨어지는 반면 방임한 부문에서는 경쟁력이 높았다(Porter, Takeuchi, and Sakakibara, 2000). 경영 기법 또한 산업별 특성에 따라 달라지는 본질적인 특성으로 인해 국가경쟁력을 객관적으로 측정하는 변수가 되기에는 무리가 있다.

1990년대에 들어 Porter 교수는 다이아몬드 모델을 제시했다. 이 모델은 국가경쟁력의 일면만을 측정하던 기존 패러다임을 뒤집는 새로운 모델로서, 국가경쟁력을 측정하는 주요 변수들을 하나의 모델 안에 포괄적으로 제시해 국가경쟁력에 대한 설명력을 혁명적으로 높여주었다. 비록 Porter의 다이아몬드 모델은 국가경쟁력의 핵심을 간파하는 높은 설명력을 보여주었지만(Porter, 1990, 1998, 2003; Porter et al., 2000 등), 국가경쟁력의 범위와 원천의 차원에서 발전적 비판을 통해 확장됐다. 구체적으로 더블 다이아몬드 모델, GDD 모델, 9-팩터 모델 등으로 발전됐으며 이를 통합한 새로운 DDD 모델이 도출

그림 8-2 국가경쟁력을 설명하는 이론의 발전 과정

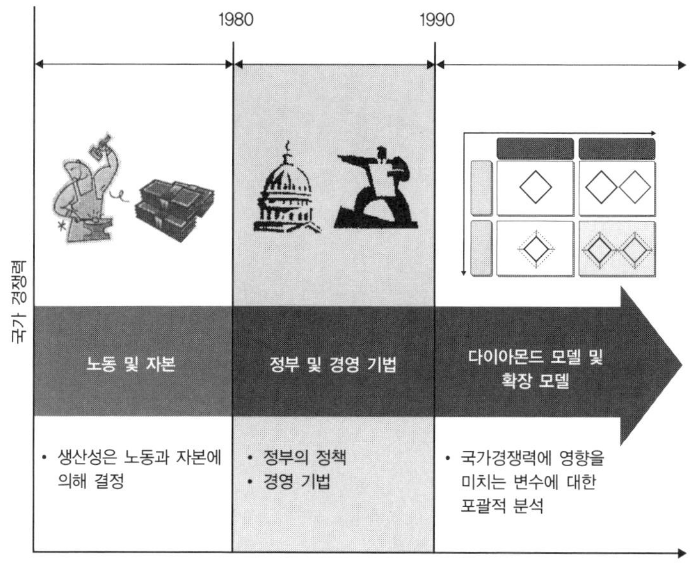

됐다. 국가경쟁력은 국가경쟁력의 범위와 원천의 상호작용을 통해 결정되는데, 이 두 요소를 하나의 모델로 정립한 DDD 모델은 국가경쟁력을 더욱 엄밀하고 포괄적으로 측정할 수 있는 틀을 제공한다.[5]

DDD 모델은 국가경쟁력을 국내 및 국제 차원에서 물적요소와 인적요소로 구분해 측정한다. 물적요소에서는 생산요소조건, 경영여건, 관련 및 지원 산업, 시장수요조건을 평가하고 인적요소에서는 근로자, 정치가 및 행정관료, 기업가, 전문가의 경쟁력을 평가한다. 표 8-1은 DDD 모델의 구성과 IPS 국가경쟁력연구보고서에서 사용하는 세부 지표의 일부를 보여주고 있다.

IPS 국가경쟁력연구 2005년 보고서는 DDD 모델에 근거해 총 275개 항목에 관한 자료를 수록하고 있다. 275개 항목 중 경성 자료는 137개이고 연성 자료는 138개로 1 대 1의 비율이다. 경성 자료의 경우, 국제 기구 및 정부 기관 등에서 편찬한 최신의 공식 통계 자료를 활용해 수집하고 연성 자료는 협력 연구 기관인 KOTRA의 해외 무역관을 통해 일괄적으로 수집한다.

국가경쟁력 지수는 수집된 자료 중 참고 자료(background information) 63개를 제외한 212개를 처리해 산출한다. 개별 자료는 상이한 단위를 갖고 있기 때문에 먼저 이들에 대한 표준화 작업을 실시한다.[6] 그 후 23개 중분류의 하위에 있는 세부 항목의 평균을 계산해 중분류의 국가경쟁력 지수를 산출하고 이 중분류의 평균을 계산해 대

---

[5] DDD 모델에 대한 자세한 사항은 이론편 참조.
[6] 표준화 과정에 대한 상세한 설명은 8장 끝 부분 참조.

표 8-1 DDD 모델의 구성과 IPS 국가경쟁력연구보고서의 세부 지표

대분류	중분류		세부 항목(일부)
물적 요소	생산요소 조건	에너지	석유 생산량, 가스 생산량, 천연가스 생산량, 석탄 생산량
		기타	목재 생산량, 국토면적, 용수, 알루미늄 생산량, 시멘트 생산량, 수산물 생산량
	경영여건	전략 및 구조	기업 의사결정, 기업 전략, 지배 구조, 구조 조정, 국내 기업 경쟁
		글로벌 마인드	글로벌 스탠더드 정도, 국제 브랜드, 국제 경쟁의 중요도, 외국 기업과 국내 기업의 동등한 대우
		기업 문화	기업 공유 가치, 노사 관계, 윤리 경영, 내부자 거래의 정도, 부패 정도, 사회 공헌 활동
		해외 투자	외향 해외직접투자, 내향 해외직접투자, 개방도
	관련 및 지원 산업	교통, 물류	도로 포장률, 철도 운송, 항공 운송, 국제 운송, 자동차 보유 대수
		통신	이동전화 가입자 수, PC 보유 대수, 전화, 인터넷 사용자 수
		금융 및 주식 시장	은행 신용도, 중앙 은행의 독립성, 중앙 은행 정책, 금융 기관의 투명성, 은행의 자산 건전성, 국가신용등급
		교육	공교육비 지출, 교사 대비 학생 수, 교육 시스템, IT 교육의 질, 교육 기관의 경쟁력
		과학 기술	과학자 및 기술자 수, R&D 투자, IT 기술, 하이테크 기술
		클러스터	국내 공급자의 수, 국내 공급자의 질, 클러스터 내 협업
		생활 환경	인간개발 지수, 세계화, 삶의 질, 관광 수입, 혁신 및 창조
	시장수요 조건	시장의 크기	GDP, 상품 수출, 상품 수입, 서비스 수출, 서비스 수입, 수출입 개방도, 1인당 GDP, GDP 성장률
		시장의 질	소비자의 제품 정보 파악도, 품질 민감도, 가격 민감도, 브랜드 민감도, 친환경 제품 민감도, 불법 복제 제품 용납도
인적 요소	근로자	양적 규모	노동 인구, 근로 시간, 취업률, 투입-산출 지수, 근로자 인건비
		질적 경쟁력	문맹률, 노동쟁의, 근로자의 동기 부여, 노동시장의 개방도
	정치가 및 행정관료	정치가	정치 시스템의 안정성 및 효율성, 국회 활동의 효율성, 법 제도의 공정성 및 효율성, 뇌물 및 부패 문제
		행정관료	물가 정책, 금융 정책, 외환 정책, 교육 정책, 조세 정책, 해외 투자 촉진 정책, 노동 규제, 실업 정책, 관료주의, 정부 간섭
	기업가	개인 역량	기업가의 의사결정력, 기업가의 핵심 역량, 기업가의 경쟁력, 교육 수준, 국제 경험
		사회 여건	창업, 기업가 수, 외국인 기업가, 사회 지도자로서의 역할
	전문가	개인 역량	전문가의 핵심 역량, 전문가의 경쟁력, 교육 수준, 국제 경험, 전문가의 기회포착력, 의사결정력
		사회 여건	전문가의 수, 보상 시스템, 전문직 개방도, 사회 지도자로서의 역할, 자부심

분류 8개 항목의 국가경쟁력 지수를 산출한다. 이렇게 산출한 대분류 8개 항목의 지수를 다시 평균 내면 IPS 국가경쟁력연구보고서의 최종 국가경쟁력 지수가 도출된다. DDD 모델을 구성하는 8개의 요소는 국가경쟁력 향상에 모두 중요하기 때문에 IPS 국가경쟁력연구보고서의 국가경쟁력 지수는 우선 가중치 없이 산출하고 나중에 저비용 전략과 차별화 전략을 구별할 때는 가중치를 다르게 부여해 전략적 시사점을 도출한다.

국가경쟁력의 분석 : 국가 그룹

DDD 모델을 통해 산출된 국가경쟁력 지수의 함의를 정확히 파악하기 위해서는 유사한 특징을 지니면서 상호 경쟁하는 국가들과 비교해야 한다. 예를 들어 싱가포르의 경쟁력은 미국의 경쟁력과 비교했을 때보다 홍콩이나 덴마크 등의 경쟁력과 비교했을 때 더 많은 함의를 얻을 수 있다. 따라서 한 국가의 경쟁력을 정확히 평가하기 위해서는 평가 대상국 내 전체 순위도 중요하지만 경쟁 산업이나 비교우위 등이 유사해 현실적으로 경쟁하고 있는 국가들을 하나의 그룹으로 묶어 해당 그룹 내에서 개별 국가의 경쟁 위치를 분석해야 한다.

　IPS 국가경쟁력연구보고서는 국가의 규모와 경쟁력을 통계적으로 분석해 국가 그룹(country groups)을 분류하고 있다.[7] 국가의 규모는 인구와 국토면적을 통해 산출하는데, 이를 바탕으로 대(大), 중(中),

---

[7]　통계 기법으로는 군집 분석을 사용했으며 자세한 분석 결과는 8장 끝 부분 참조.

그림 8-3 국가 그룹

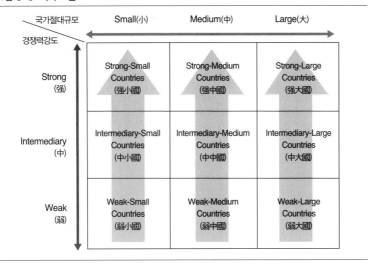

소(小) 3개 국가군으로 분류할 수 있고, 국가의 경쟁력은 DDD 모델을 통해 산출된 지수를 활용해 강(强), 중(中), 약(弱) 3개 국가군으로 구분할 수 있다.

이 분류 기준을 결합하면 그림 8-3에서 볼 수 있는 바와 같이 평가 대상 국가들을 9개의 국가 그룹으로 분류할 수 있다. 동일한 그룹에 속해 있는 국가들은 국가의 규모나 경쟁력 수준에서 유사한 점이 많기 때문에 실질적으로 상호 경쟁하고 있는 국가들이다. 따라서 이러한 국가들과 경쟁력을 비교하면 해당 국가가 차지하고 있는 경쟁 위치를 현실적으로 파악할 수 있고 궁극적으로 그룹 내 인접 국가들과의 경쟁에서 성공할 수 있는 더욱 구체적인 전략을 도출할 수 있다.

국가경쟁력의 실질적인 분석을 위해 IPS 보고서는 전체 순위와 더불어 그룹 내 순위를 모든 조사 항목에 걸쳐 함께 수록하고 있다. 전체 순위와 그룹 내 순위를 함께 비교함으로써 개별 국가는 자국의 경쟁 위치를 더욱 현실적으로 이해할 수 있으며 경쟁 상대를 명확히 파악할 수 있다. 또한 하이라이트 부문의 '전년 대비 국가경쟁력 성과(AOL)' 항목에서는 전년 대비 그룹 내 순위의 추이를 보여주는데, 이를 통해 국가경쟁력 발전의 가속도와 경쟁 국가의 성과를 확인해 효과적인 전략 수립을 위한 정보로 활용할 수 있다.

시뮬레이션 : 전략 시뮬레이션

국가경쟁력의 수준과 위상을 파악한 후 본격적으로 국가경쟁력을 발전시키기 위한 방안을 도출하기 위해서는 우선 개별 국가의 경쟁력 구조를 파악하고 그에 맞는 경쟁 전략을 수립해야 한다. 국가의 경쟁력 구조는 경쟁 전략의 시뮬레이션을 통해 파악할 수 있다. 국가 수준의 경쟁 전략으로는 본원적 전략(generic strategies)의 두 전략인 저원가 전략(cost strategy)과 차별화 전략(differentiation strategy)을 적용할 수 있다(Porter, 1980, 1996; Porter et al., 2000; Cho and Moon, 2005). 저원가 전략이란 저비용 고효율을 추구하는 전략을, 차별화 전략은 고비용 고품질을 추구하는 전략을 의미한다.

저원가 전략과 차별화 전략의 시뮬레이션은 DDD 모델의 각 변수별로 상이한 가중치를 부여해 구현할 수 있다. 그림 8-4에서 볼 수 있는 바와 같이 저원가 전략은 부존자원과 저임금으로 경쟁하는 전략이므로 DDD 모델의 생산요소조건과 근로자에게 높은 가중치를

그림 8-4 경쟁 전략별 가중치

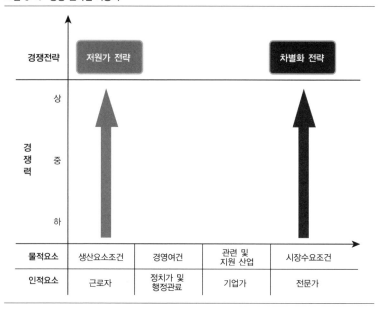

적용한다. 차별화 전략은 비용은 많이 들지만 높은 품질을 통해 산출
되는 부가가치를 바탕으로 경쟁하는 전략이므로 시장수요조건과 전
문가에 높은 가중치를 적용한다.

IPS 보고서는 전략 시뮬레이션을 실행하기 위해 DDD 모델에 표
8-2와 같은 가중치를 부여하고 있다. 저원가 전략과 차별화 전략 모
두 물적요소와 인적요소에는 동일한 가중치를 부여하나 대분류 및
중분류 항목은 전략별로 상이한 가중치가 부여된다. 대분류 항목 가
운데 저원가 전략 시뮬레이션에서는 생산요소조건과 근로자에
'32/120'의 가중치가 부여되는 반면 시장수요조건과 전문가에는
'4/120'의 낮은 가중치가 부여된다. 이와 반대로 차별화 전략 시뮬

표 8-2 전략 시뮬레이션을 위한 변수별 가중치

항목		가중치		중분류	가중치	
		저원가	차별화		저원가	차별화
물적 요소	생산요소 조건	32/120	4/120	에너지	1/2	1/2
				기타	1/2	1/2
	경영여건	16/120	8/120	전략 및 구조	1/4	1/4
				글로벌 마인드	1/4	1/4
				기업 문화	1/4	1/4
				해외 투자	1/4	1/4
	관련 및 지원 산업	8/120	16/120	교통, 물류	1/7	1/7
				통신	1/7	1/7
				금융 및 주식 시장	1/7	1/7
				교육	1/7	1/7
				과학 기술	1/7	1/7
				클러스터	1/7	1/7
				생활 환경	1/7	1/7
	시장수요 조건	4/120	32/120	시장의 크기	3/4	1/4
				시장의 질	1/4	3/4
인적 요소	근로자	32/120	4/120	양적 규모	3/4	1/4
				질적 경쟁력	1/4	3/4
	정치가 및 행정관료	16/120	8/120	정치가	3/4	1/4
				행정관료	1/4	3/4
	기업가	8/120	16/120	개인 역량	3/4	1/4
				사회 여건	1/4	3/4
	전문가	4/120	32/120	개인 역량	3/4	1/4
				사회 여건	1/4	3/4

레이션의 경우 시장수요조건과 전문가에 '32/120', 생산요소조건과 근로자에 '4/120'의 가중치가 부여된다. 중분류 항목에서도 전략에 따라 상이한 가중치가 부여된다.

IPS 국가경쟁력연구보고서는 전략 시뮬레이션에 사용되는 가중치 를 산출할 때 AHP(analytic hierarchy process)라는 과학적 기법을 적용함으로써 가중치를 자의적으로 부여하는 문제점을 최소화시켰다. AHP 기법은 복잡한 의사 결정 문제를 전문가 그룹의 객관적인 판단과 수리적인 분석을 통해 해결하는 방법론 가운데 하나다. 이 방법은 대상을 구성하는 개별 요소의 중요성과 대안 선택에 대한 비중을 계산하기 위해 고안된 기법으로, 연구 대상을 계층 구조로 표현하고, 개별 구성요소 간의 상호 비교를 통해 계층 구조 내의 관계를 비율척도로 표시해 우선순위를 도출해 냄으로써 자원 배분 및 평가 영역에 대한 가중치를 산출하는 방법이다. 또한 이 방법은 인간의 본성, 분석적 사고 등 정성적인 문제가 포함되어 있는 계층화된 의사결정 문제를 계량화해 이해가 상충되는 문제를 해결하는 도구로 사용된다.

전략 시뮬레이션에서 또 하나 중요한 개념은 시뮬레이션을 실행하는 경쟁 환경이다. 동일한 경쟁력을 지닌 국가라 하더라도 경쟁 환경에 따라 그 경쟁력의 순위는 달라지게 마련이다. 국가경쟁력의 전략 시뮬레이션과 관련된 개념을 모두 고려해 경쟁 환경의 조합을 계산하면 상당히 많은 경우의 수가 발생한다. 그러나 국가가 자국의 경쟁력 향상을 위해 노력하거나 적어도 현재의 경쟁력은 유지하려는 이성적 존재라고 가정한다면 앞서 계산한 모든 경우의 수가 의미 있는 것은 아니며, 그림 8-5에서 볼 수 있는 바와 같이 '현 전략' 경쟁 환경과 '최고 전략' 경쟁 환경이라는 두 가지 경쟁 환경을 생각해 볼 수 있다.

현 전략 경쟁 환경은 국가들이 특별한 전략적 선택을 고려하지 않고 현재의 전략을 그대로 추진하는 경쟁 환경을 의미한다. 반면 최고 전략 경쟁 환경은 경쟁이 가장 치열한 환경으로서 모든 국가가 저원

그림 8-5 전략 시뮬레이션의 경쟁 환경

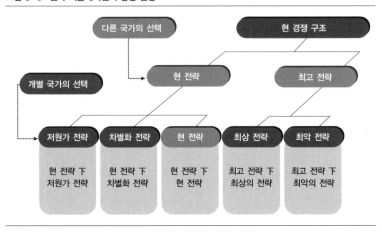

가 전략과 차별화 전략 중 자국에게 가장 유리한 전략을 채택하고 경쟁에 임하는 환경을 의미한다.

경쟁 환경은 다른 국가의 선택에 의해 결정되는 것으로 개별 국가는 이러한 경쟁 환경 하에서 자국의 경쟁력 향상을 위한 전략적 선택을 하게 된다. 먼저 현 전략 경쟁 환경에서 저원가 전략과 차별화 전략을 적용하면 자국의 국가경쟁력 구조를 알 수 있다. 즉 가중치 부여 과정에서도 알 수 있듯이 두 개의 경쟁 전략은 국가경쟁력 구조별로 상이한 결과를 낳는데, 다른 국가들이 현 상태에 있을 때 저원가 전략 및 차별과 전략을 적용한 결과를 통해 개별 국가에게 유리한 경쟁 전략을 확인할 수 있고 이를 바탕으로 해당 국가의 경쟁력 구조를 파악할 수 있다.

최고 전략은 모든 국가가 저원가 전략 및 차별화 전략 중 현 전략 경쟁 환경의 시뮬레이션을 통해 파악한 자국의 국가경쟁력 구조에 알맞은 전략을 선택해 경쟁하는 상황이다. 이러한 경쟁 환경에서는 개별 국가의 전략적 선택을 저원가 전략과 차별화 전략이라는 관점에서 바라보기보다는 개별 국가가 선택할 수 있는 최상의 전략과 최악의 전략을 선택했을 때 일어나는 경쟁력 변화를 고찰하는 것이 더욱 의미 있다. 즉 가장 치열한 경쟁 환경에서 최상의 전략과 최악의 전략이 가져다 주는 경쟁력의 변화를 통해 전략적 선택의 중요성을 확인할 수 있다.

이상의 두 가지 경쟁 환경과 두 가지 경쟁 전략을 조합하면 그림 8-6과 같은 네 가지 시뮬레이션 결과를 얻을 수 있다. 중앙에 위치한 '현 전략'은 그림 8-5에서 '현 전략 ⫠ 현 전략' 항목으로서 모든 국가들이 현 전략과 동일한 전략을 취한 결과이므로 아무런 가중치 없이 산출된 IPS 국가경쟁력연구보고서의 순위를 의미한다. 또한 최고 전략 경쟁 환경은 가장 치열한 환경을 나타내기 때문에 이 환경에서 실시한 시뮬레이션의 순위는 항상 현 전략 경쟁 환경의 순위보다 낮다. 따라서 이를 전략 시뮬레이션의 출발점으로 삼아 중앙에 위치시키고 경쟁 환경별 경쟁 전략의 적용 결과를 표시하면 전략 시뮬레이션의 함의점을 쉽게 도출할 수 있다.

앞서 논의한 두 가지 경쟁 환경은 경쟁 환경이라는 스펙트럼의 양극단을 보여준다. 즉 현 전략 경쟁 환경과 최고 전략 경쟁 환경은 개별 국가가 실질적으로 경쟁해야 할 경쟁 수준의 양쪽 끝을 보여주고 있는 것이다. 따라서 두 경쟁 환경은 그 자체가 실질적으로 발생한다기보다는 연속적인 경쟁 환경의 양쪽 끝으로 이해하는 것이 바람직하다. 이러한 관점에서 본다면 국가의 경쟁력은 전략 시뮬레이션을

그림 8-6 전략 시뮬레이션의 결과

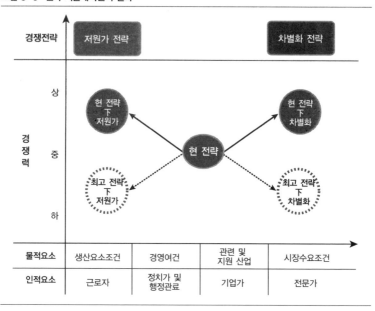

통해 산출된 순위 자체보다는 개별 국가가 취한 전략의 강도에 따라
이들 양 극단의 일정한 곳에 위치하게 된다는 것으로 이해해야 한다.

　개별 국가는 이러한 전략 시뮬레이션을 통해 자국의 경쟁력 구조
와 그에 적합한 경쟁 전략을 파악할 수 있다. 저원가 전략을 적용한
순위가 차별화 전략의 순위보다 높은 국가는 저원가 전략에 적합한
구조를 지닌 국가이고, 반대로 차별화 전략의 순위가 높은 국가는 차
별화 전략에 적합한 국가경쟁력 구조를 지니고 있다고 할 수 있다.
이처럼 전략 시뮬레이션을 통해 확인된 국가경쟁력 구조와 경쟁 전
략을 활용하면 자국의 전략을 향상시키기 위한 효과적인 방안을 도
출할 수 있다.

실행 : 최적 전략

DDD 모델을 통해 국가경쟁력을 측정하고, 국가 그룹을 통해 개별 국가의 경쟁 위치 및 실질 경쟁자를 분석한 후, 전략 시뮬레이션을 통해 국가경쟁력의 구조와 적합한 경쟁 전략을 확인하고 나면, 국가 경쟁력의 현 위치와 나아가야 할 방향을 확인할 수 있다. 이제 국가 경쟁력을 현실적으로 향상시키기 위해서는 개별 국가의 발전 단계에 맞는 구체적인 국가경쟁력 향상 전략을 수립해 실행해야 한다.

표 8-3은 국가경쟁력 향상을 위한 구체적인 실행 전략 수립에 필요한 최적 전략을 DDD 모델의 항목별로 정리하고 있다. 개별 국가는 DDD 모델, 국가 그룹 등을 통해 파악된 개별 국가의 경쟁 위치에 따라 표 8-3의 각 항목별로 자신의 현 위치를 확인할 수 있다. 일단 현 위치가 파악되고 나면 개별 국가는 다음 단계의 목표를 달성하기 위한 세부 실천 전략을 수립하고 이를 적극적으로 추진해야 한다. 예를 들어 어떤 국가의 기업가 경쟁력이 과도기 수준에 위치한 것으로 분석됐다면, 선진국형 경쟁력을 갖추기 위해 효율성의 단계를 넘어 혁신에 의한 가치 창조에 중점을 두어야 하고 기업가의 창조 정신을 고양할 수 있는 환경을 조성하는 등의 실천 전략을 수립해야 한다.

세부 실천 전략을 실행할 때에는 전략 시뮬레이션에서 파악된 국가경쟁력 구조에 맞추어 DDD 모델의 각 항목에 다른 가중치를 부여할 수 있다. 예를 들어 저원가 전략에 적합한 경쟁력 구조를 지닌 국가는 생산요소조건과 근로자 항목에 좀더 많은 비중을 두어야 하

표 8-3 경제발전 단계별 최적 전략

항목 (Factors)		개발도상국 (Developing)	과도기 (Transitional)	선진국 (Developed)
물적 요소	생산요소 조건	부존자원 (Resource-based)	제조 (Manufacturing-based)	지식 (Knowledge-based)
	경영여건	보호주의 (Protectionism)	효율성 (Efficiency)	경쟁 (Competition)
	관련 및 지원 산업	물적기반시설 (Physical Infrastructure)	산업 클러스터 (Industrial Cluster)	지역 통합 (Regional Integration)
	시장수요 조건	양 (Quantity)	질 (Quality)	세련도 (Sophistication)
인적 요소	근로자	저임금 (Cheap)	의욕 (Motivated)	숙련 (Skilled)
	정치가 및 행정관료	주도 (Facilitation)	지원 및 규제 (Support & Regulation)	조언 (Advice)
	기업가	위험 감수 (Risk Taking)	효율성 증진 (Efficiency Developing)	가치 창조 (Value Creating)
	전문가	관리(감독) (Operational)	경영 (Managerial)	전략 (Strategic)

고, 차별화 전략에 적합한 구조를 지닌 국가는 시장수요조건과 전문
가의 경쟁력 향상에 초점을 맞추어야 한다.

기존 보고서와의 비교 3

지금까지 살펴본 IPS 국가경쟁력연구보고서는 기존의 IMD 및 WEF 보고서가 지니는 문제점을 개선하고 국가경쟁력을 실질적으로 향상시키기 위한 일련의 방법론을 체계적으로 기술하고 있다. 자세한 내용을 IMD 및 WEF 보고서의 문제점을 분석했던 세 가지 항목별로 살펴보자.

이론적 배경

IPS 국가경쟁력연구보고서는 Porter의 다이아몬드 및 그 확장 모델에서 도출한 DDD 모델을 활용해 국가경쟁력을 측정하고 있다. 따라서 기존 연구의 이론적 근거에 바탕을 두고 국가경쟁력을 측정하는 변수를 선택했기 때문에 측정 항목이 자의적이지 않다. 뿐만 아니라 변수의 구성에 변화가 없어 연구 결과에 일관성이 있다. IMD 및 WEF 보고서는 특정한 이론적 배경이 없기 때문에 국가경쟁력 측정을 위해 선택한 항목에 대한 당위성을 설명할 수 없다. 이런 문제로 인해 이들 보고서는 측정 변수를 지속적으로 변화시켜 왔으며 결과적으로 연구 결과에 대한 일관성을 기대하기 힘들었다. 더구나 보고서를 구성하고 있는 여러 개념의 근간을 이루는 이론적 뿌리가 없기 때문에 신뢰하기 힘든 연구 모델과 결과를 수록하기도 했다.

연구 방법론

IPS 국가경쟁력연구보고서는 총 275개 항목에 대한 국가경쟁력을 분석한다. 이 중 경성 자료는 137개이고 연성 자료는 138개로 1 대 1의 비율을 보이고 있어 자료 특성에 따라 보이지 않은 가중치를 부여하는 오류를 범하고 있지 않다. 뿐만 아니라 DDD 모델의 이론적 배경을 통해 국가경쟁력을 구성하는 항목들은 국가경쟁력에 모두 중요하다는 사실을 알 수 있는데, 이를 바탕으로 국가경쟁력 지표 산출에 가중치를 부여하지 않는 것을 원칙으로 하되 전략 시뮬레이션에 적용되는 가중치는 AHP라는 과학적인 기법을 적용해 산출한다. 이러한 면에서 IPS 보고서는 IMD 및 WEF 보고서에서 발견되는 자의적인 가중치 부여와 자료의 특성에 기인한 가중치 부여 등의 문제를 해결했다.

국가경쟁력 측정에 사용되는 자료를 수집하는 과정에서도 차이를 발견할 수 있다. IPS 국가경쟁력연구보고서는 KOTRA라는 단일 기관을 통해 설문조사를 실시함으로써 표본 대상에 대한 동질성을 확보할 수 있다. 반면 IMD나 WEF는 다양한 협력 기관을 통해 설문조사를 실시함으로써 설문 표본에 대한 일관성을 보장할 수 없다.

정책적 함의

IPS 국가경쟁력연구보고서는 조사 대상 국가들을 국가의 규모(대 · 중 · 소)와 경쟁력(강 · 중 · 약)이라는 두 가지 기준을 통해 총 9가지(3×3) 국가군으로 분류하고 각 그룹별로 그룹 순위를 제시하고 있다. 이는 개별 국가의 경쟁 위치와 실질적인 경쟁자를 파악하기 위해서는 국가의 비교우위와 경제발전 단계를 종합적으로 고려해 유사한 특징을 지닌 국가들과 비교해야 한다는 사실에 기초한 것으로 이들 기준은 통계적으로도 유의미하다는 것이 입증됐다. 반면 IMD와 WEF는 인구, 1인당 국민소득, 특허출원 건수 등의 지표를 각각 적용해 분석하고 있어 국가의 특징을 종합적으로 분석할 수 있는 분류 체계를 갖추고 있지 못하다.

표 8-4는 지금까지 논의한 IPS 국가경쟁력연구보고서와 IMD 및 WEF 보고서를 비교해 정리한 것이다. 표에서 볼 수 있는 바와 같이 IPS 보고서는 이론적 배경, 연구방법론, 정책적 함의의 측면에서 기존의 보고서들이 지니고 있는 한계를 극복했다. 뿐만 아니라 국가경쟁력 평가와 관련된 일련의 과정을 종합적으로 분석해 실질적으로

표 8-4 국가경쟁력 보고서의 비교

고려 항목 / 보고서	IPS : IPS National Competitiveness Research Report (2005)	IMD : IMD World Competitiveness Yearbook (2005)	WEF : The Global Competitiveness Report (2005~2006)
이론적 배경	Porter의 다이아몬드 모델 및 확장 모델	특정 모델 없음	특정 모델 없음
연구 방법론 — 자료구성	• 경성 자료=1/2 • 연성 자료=1/2	• 경성 자료>1/2 • 연성 자료<1/2	• 경성 자료<1/4 • 연성 자료>3/4
연구 방법론 — 가중치	• 전략 시뮬레이션에서만 가중치 부여 • AHP(analytic hierarchy process) 기법 적용	• 특별한 가중치 체계 없음 • 자료 특성별 가중치 경성 : 연성=2 : 1	• 핵심 및 비핵심 국가별 상이한 가중치 • 변수별 상이한 가중치 • 자료 특성별 가중치 경성 : 연성=1 : 4(전체) 경성 : 연성=1 : 2(GCI)
연구 방법론 — 협력 연구 기관	KOTRA(Korea Trade-Investment Promotion Agency) 해외 무역관	학교, 정부 기관, 연구소, 산학 협동 기관 등 다양	학교, 정부 기관, 연구소, 산학 협동 기관 등 다양
정책적 함의 (국가 그룹)	• 3×3 framework (9개 국가군)	• 인구 • 1인당 국민소득 • 지역	• 특허출원 건수 • 1인당 국민소득

국가경쟁력을 향상시킬 수 있는 체계를 갖춤으로써 국가경쟁력을 올바르게 측정하고 분석해 활용할 수 있는 효과적인 방법론을 제공한다.

8장에서는 새로운 보고서인 IPS 국가경쟁력연구보고서의 내용을 개괄적으로 살펴봤다. 이어서 9장 및 10장에서는 IPS 보고서의 방법론을 실질적으로 적용함으로써 국가경쟁력을 측정하고 분석해 활용하는 방법을 구체적으로 살펴보겠다.

먼저 9장에서는 국가경쟁력을 측정하고 분석하는 방법으로 DDD

IPS 국가경쟁력 지표 산출을 위한 자료의 표준화

Standardized Index=[(actual Xi−minimum Xi)÷(maximum Xi−minimum Xi)]×100
표준화 지표=[(개별 국가의 자료−자료의 최소값)÷(자료의 최대값−자료의 최소값)]×100

표 8-5 국가 그룹 분류를 위한 군집 분석 결과

항목	Cluster		Error		F	Sig.
	Mean Square	df	Mean Square	df		
국가 규모	2182.228	11	0.633	52	3449.844	0.000
국가경쟁력	4212.107	2	17.428	63	241.691	0.000

모델과 국가 그룹의 사례를 살펴보고 10장에서는 전략 시뮬레이션
과 최적 전략의 사례를 분석해 보겠다.

요약

산업정책연구원(IPS)과 국제경쟁력연구원(IPS-NaC)이 공동
으로 발간하고 있는 IPS 국가경쟁력연구보고서는 이론적
배경과 과학적 연구방법론, 그리고 의미 있는 정책적 함의 도출이
라는 관점에서 기존의 보고서가 지닌 한계점을 극복했으며, '측
정−분석−시뮬레이션−실행'이라는 종합적인 방법론을 통해 국가
경쟁력을 실질적으로 향상시키기 위한 구체적인 방안을 제시하고
있다.

IPS 국가경쟁력연구보고서는 Porter의 다이아몬드 모델과 그 확장
모델을 통해 도출된 DDD 모델에 이론적 근거를 두고 국가경쟁력
을 측정하며, 국가의 규모 및 경쟁력을 기준으로 분류한 9개의 국
가 그룹을 통해 개별 국가의 경쟁 위치와 실질적인 경쟁자를 분석

한다. 또한 경쟁 전략을 국가 수준에 적용한 전략 시뮬레이션을 통해 국가경쟁력 구조와 타당성 있는 경쟁 전략을 밝히는 한편, 최적 전략을 통해 국가경쟁력 향상을 위한 구체적인 실천 전략을 제시해 준다.

CHAPTER *9*

국가경쟁력의 측정과 분석

【한국의 국가경쟁력】

전문경영인의 역량 강화, 시장구조 성숙 등으로 한국 국가경쟁력이 지난해보다 소폭 상승했다. … 보고서에 따르면 한국은 46.82점을 얻어 22위에 올랐으며 미국이 65.67점으로 1위, 캐나다 2위(64.09), 네덜란드 3위(63.51), 홍콩 10위(57.25), 일본 19위(51.18), 중국 24위(46.66) 순이었다. 한국은 이 보고서가 발간되기 시작한 2001년 이후 순위가 계속 하락했으나 이번에 처음으로 상승세로 돌아섰다. 2001년 22위, 2002년 24위, 2003 2004년 25위 등 지속적 하락세에서 4년 만에 반등한 것이다. … 정치가와 정치 시스템 안정성과 효율성이 떨어지고 뇌물 부패 문제에서 낮은 점수를 받아 '정치가와 행정관료' 부문의 경쟁력은 전년 30위에서 올해 32위로 2계단 하락했다. 특히 '정치가의 경쟁력' 항목은 62위로 최하위권을 기록했다.

(2005년 5월 9일, 〈세계일보〉, '한국 국가경쟁력 22위')

2005년 산업정책연구원(IPS) 국가경쟁력 순위		
순위	국가	지수
1	미국	65.67
2	캐나다	64.09
3	네덜란드	63.51
4	덴마크	61.71
⋮		
10	홍콩	57.25
11	싱가포르	56.35
19	일본	51.18
20	오스트리아	50.98
21	이탈리아	47.65
22	한국	46.82
⋮		
24	중국	46.66

세계 66개 국 대상, 시장수요·인프라 등 8개 부문 275개 변수 적용. 〈자료 : 산업정책연구원〉

지난해 우리나라의 국가경쟁력은 전년보다 3계단 상승한 세계 22위를 기록했으나 근로자의 경쟁력은 크게 떨어진 것으로 조사됐다. … 특히 지난해 기업가의 경쟁력은 전년 대비 5계단 상승한 11위, 전문가의 경쟁력은 전년 대비 3계단 상승한 17위로 나타나 가장 높은 순위를 기록했다. 이는 기업가, 전문가의 의사결정력, 핵심 역량, 국제 경험 등에서 점수가 높아진 데 따른 것이다. 또한 시장수요조건(18위) 인프라 등 지원 산업(22위), 경영여건(32위) 등 물적요소도 전년보다 3계단씩 올라가 국가경쟁력 향상에 기여했다. 반면 전년에 39위였던 근로자의 경쟁력은 22계단 추락한 61위로 나타났다. 또 정치가 및 행정관료의 경쟁력 역시 뇌물·부패, 노동쟁의 정부 중재역할 부문에서 저조한 평가를 받으며 2계단 내려간 32위를 기록했다. 산업정책연구원 관계자는 "우리나라는 이미 저임금으로 대표되는 노동시장의 양적 경쟁력을 상실한 데다 노동자의 동기 부여, 노동쟁의, 노동시장의 개방도 등 질적 경쟁력 향상도 이뤄지지 않았기 때문"이라고 분석했다. (이하 생략)

(2005년 5월 9일, 〈한국일보〉, '한국, 국가경쟁력 22위로 상승')

2005년은 한국 국가경쟁력의 일대 전환점이 된 한 해였다. 〈IPS 국가경쟁력연구보고서〉에서 따르면, 한국의 국가경쟁력은 지난 몇 년간 지속되어 오던 하락세를 뒤엎고 2005년에는 상승 국면으로 돌아섰다. 비록 널뛰기를 하던 경쟁력 지수이지만 WEF나 IMD 보고서 또한 전년보다 좋은 성적을 발표했다. 그러나 전반적인 순위에서는 성적이 올랐지만 점수가 떨어진 항목도 있고 낙제한 항목도 있다. 이 장에서는 DDD 모델을 통해 국가경쟁력을 구체적으로 측정해 보고 국가 그룹을 통해 경쟁 위치와 경쟁 국가를 실질적으로 살펴보도록 하겠다.

1

국가경쟁력 측정 : DDD 모델

9장 및 10장에서는 8장에서 개괄적으로 논의한 IPS 국가경쟁력연구보고서의 내용을 실질적으로 살펴봄으로써 국가경쟁력을 올바르게 측정해 활용하는 방법에 대해 구체적으로 접근해보자. 우선 9장에서는 IPS 국가경쟁력 연구 2005년 보고서의 자료를 통해 DDD 모델을 적용해 국가경쟁력을 측정하는 방법과 국가 그룹을 활용해 국가경쟁력을 분석하는 방법을 살펴보자.

IPS 국가경쟁력 연구 2005년 보고서는 전세계 66개국의 국가경쟁력을 평가했다. DDD 모델을 통해 측정한 이들 국가의 경쟁력 순위와 지표가 표 9-1에 정리되어 있다.

이번 연구에서 한국은 전체 조사대상 66개국 중 22위를 차지해 상위 3분의 1 집단의 마지막 국가라는 성적을 거두었다. 1위는 경쟁력

표 9-1 IPS 국가경쟁력 연구 2005년 국가경쟁력 순위

순위	국가	지수	순위	국가	지수
1	미국	65.67	34	필리핀	41.1
2	캐나다	64.09	35	파나마	40.73
3	네덜란드	63.51	36	아랍에미리트	39.91
4	덴마크	61.71	37	브라질	39.51
5	벨기에	60.52	38	체코	37.33
6	스웨덴	58.9	39	폴란드	36.47
7	핀란드	58.3	40	러시아	36.36
8	영국	57.61	41	콜롬비아	35.21
9	프랑스	57.29	42	크로아티아	35.2
10	홍콩	57.25	43	루마니아	35
11	싱가포르	56.35	44	사우디아라비아	34.12
12	노르웨이	56.22	45	인도네시아	34
13	스위스	56.14	46	도미니카 공화국	33.8
14	이스라엘	55.29	47	인도	33.01
15	호주	54.94	48	베트남	32.94
16	뉴질랜드	54	49	이집트	32.66
17	독일	52.02	50	파키스탄	32.05
18	타이완	51.63	51	스리랑카	32.03
19	일본	51.18	52	오만	31.31
20	오스트리아	50.98	53	남아프리카 공화국	30.92
21	이탈리아	47.65	54	과테말라	30.67
22	한국	46.82	55	터키	30.04
23	칠레	46.75	56	페루	29.65
24	중국	46.66	57	나이지리아	29.61
25	멕시코	45.98	58	모로코	29.4
26	스페인	44.61	59	케냐	28.65
27	포르투갈	43.56	60	베네수엘라	27.6
28	그리스	43.24	61	아르헨티나	27.18
29	헝가리	43.11	62	우크라이나	27.03
30	태국	43.02	63	캄보디아	25.45
31	쿠웨이트	41.99	64	방글라데시	21.88
32	말레이시아	41.47	65	이란	20
33	요르단	41.19	66	리비아	17.72

지수 65.67을 얻은 미국이 차지했고, 그 뒤를 캐나다가 바짝 뒤쫓고 있다. 리비아는 17.72로 최하위를 차지했다. 미국과 캐나다를 제외하면 유럽 소국들이 상위권에 포진해 있다. 아시아권에서는 홍콩과 싱가포르가 각각 10위와 11위를 거두어 유럽 국가들을 추격하고 있다. 또한 타이완과 일본은 18위와 19위를 거두어 각축을 벌이고 있다. 또한 칠레와 중국은 23위 및 24위라는 성적을 보이면서 한국을 추격하고 있다.

표 9-2는 전체 22위를 거둔 한국의 국가경쟁력과 그 추이를 DDD 모델의 8개 항목별로 정리한 것이다. 기업가 항목은 개별 기업가의 역량 강화로 우수한 성적을 보여주었으나 이 기업가들이 자유로운 역량을 펼칠 수 있도록 뒷받침해 주는 사회적 여건에서는 경쟁력이 다소 퇴조했다. 전문가, 시장수요조건, 관련 및 지원 산업, 경영여건, 생산요소조건 등의 항목은 전년과 비슷한 성과를 거두었다. 한편 정치가 및 행정관료, 근로자의 항목은 전년보다 순위가 낮아져 이들의 경쟁력을 제고하기 위한 적극적인 전략이 필요하다는 것을 알려준다.

한국의 국가경쟁력 추이를 DDD 모델의 대분류별로 도식화하면 한국의 경쟁력 구조에 대한 함의점을 얻을 수 있다. 그림 9-1은 표 9-2의 내용을 도식화한 것이다. 그림에서 볼 수 있는 바와 같이 한국의 경쟁력은 물적요소나 인적요소 모두 왼쪽이 낮고 오른쪽으로 갈수록 높아지는 형태다. 즉 물적요소에서는 생산요소조건의 경쟁력이 낮은 반면 시장수요조건으로 갈수록 경쟁력이 높아진다. 인적요소에서도 근로자의 경쟁력은 낮으나 전문가로 갈수록 경쟁력이 높아

표 9–2 전년 대비 부문별 성과

항목	부문	경쟁력 추이 2004	경쟁력 추이 2005	분석
우수	기업가	16위	11위	↑ 핵심 역량, 교육 수준, 국제 경험 등 기업가 개인의 역량 강화 ↓ 외국인 기업가의 수, 신규 창업의 용이성 등 사회 여건은 다소 퇴조
보통	전문가	20위	17위	↑ 전문 경영자 및 기타 전문가 모두 우수한 성적을 거두어 순위 상승 • 전문 경영자의 경우 핵심 역량, 의사결정력 등에서 높은 경쟁력 • 기타 전문가의 경우 자부심, 사회 지도자로서의 역할 등에서 우수한 성적
	시장수요 조건	21위	18위	↑ 시장의 경쟁력이 양적, 질적인 측면에서 모두 높아짐 ↑ 특히 브랜드 민감도, 제품 정보 파악도 등 질적인 측면의 성장이 두드러짐
	관련 및 지원 산업	25위	22위	↑ 교통, 물류 시스템, 통신 시설, 금융 및 주식 시장 등의 경쟁력이 증가 ↓ 교육 및 과학 기술 분야는 저조 ↓ 신설 산업 클러스터 부분에서도 중하위권 성적
	경영여건	35위	32위	↑ 전략 및 구조, 글로벌 마인드, 기업 문화의 선진화 등에서 경쟁력 상승 ↓ 외국인의 투자 유치를 위한 환경은 경쟁력 감소
	생산요소 조건	59위	57위	↓ 부족한 부존자원으로 경쟁력 취약
저조	정치가 및 행정관료	30위	32위	↓ 정치가의 경쟁력 감소 • 정치 시스템의 안정성 및 효율성, 뇌물 및 부패 문제 등은 중하위권 • '정치가의 경쟁력' 항목은 62위로 최하위권
	근로자	39위	61위	↓ 전년 대비 22위 하락 • 저임금으로 대표되는 '양적 규모' 위 경쟁력은 이미 상실 • 근로자의 동기 부여, 노동쟁의, 노동시장의 개방도 등 '질적 경쟁력'은 답보 상태

* 우수 : 전년 대비 5위 이상 상승, 보통 : 전년 대비 5위 미만 상승, 저조 : 전년 대비 순위 하락

그림 9-1 한국의 국가경쟁력 구조

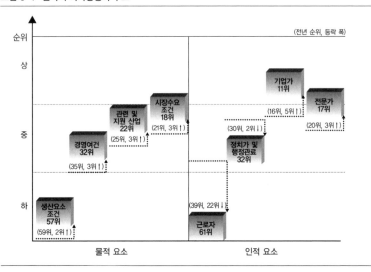

지는 패턴을 발견할 수 있다. 보통 선진국일수록 부가가치가 높은 시장수요조건 및 전문가의 경쟁력이 생산요소조건 및 근로자보다 상대적으로 높고 후진국은 그 반대의 경향을 띤다. 이러한 측면에서 한국은 선진국형 국가경쟁력 구조라 할 수 있고 이러한 형태는 전년에 비해 더욱 강화됐다. 국가경쟁력 구조에 대해서는 시뮬레이션 부분에서 좀더 자세히 살펴보자.

국가경쟁력 분석 : 국가 그룹

2

  IPS 국가경쟁력 연구 2005년 보고서에서 산출한 국가경쟁력 지수를 8장에서 살펴본 국가 그룹으로 분류하면 표 9-3과 같다. 그룹 내 순위는 국가의 규모와 경쟁력을 기준으로 국가들을 9개 그룹으로 분류해 산출됐다. 그룹 내 순위를 통해 개별 국가는 자신과 동일한 그룹에서 실질적으로 경쟁하고 있는 국가들의 실체를 확인해 자신의 경쟁 위치를 파악하고, 이를 바탕으로 경쟁 전략을 수립하기 위한 분석을 할 수 있다. 예를 들어 미국과 싱가포르는 국가 규모에서 차이가 나기 때문에 이들을 비교하는 것은 싱가포르의 경쟁력을 향상시키는 데 큰 함의점을 제공하지 못한다. 그러나 같은 그룹에서 경쟁력이 가장 높은 네덜란드와 비교해 본다면 실질적인 함의점을 도출할 수 있다.

표 9-3 IPS 국가경쟁력 2005년 그룹 내 순위

소국 그룹		국가	중국 그룹		국가	대국 그룹		국가
소	강	네덜란드	중	강	스웨덴	대	강	미국
		덴마크			핀란드			캐나다
		벨기에			영국			호주
		홍콩			프랑스			독일
		싱가포르			노르웨이			일본
		스위스			뉴질랜드		중	중국
		이스라엘			타이완			멕시코
		오스트리아		중	이탈리아			브라질
	중	포르투갈			한국			러시아
		그리스			칠레			콜롬비아
		헝가리			스페인			사우디아라비아
		쿠웨이트			태국		약	인도네시아
		요르단			말레이시아			인도
		파나마			필리핀			베트남
		아랍에미리트			폴란드			이집트
		체코			루마니아			파키스탄
		크로아티아		약	스리랑카			남아프리카 공화국
	약	도미니카 공화국			오만			터키
		과테말라			모로코			페루
					케냐			나이지리아
					베네수엘라			아르헨티나
					우크라이나			방글라데시
					캄보디아			이란
								리비아

표 9-3에 나타난 그룹 내 순위를 전년 그룹 내 순위와 비교해 보면 개별 국가의 성과를 측정할 수 있는데, 이를 통해 국가경쟁력의 가속도와 그 방향을 분석할 수 있다. 표 9-4는 표 9-3에 나타난 2005년 그룹 내 순위를 기준으로 각 그룹에 속한 국가들의 전년 성적과 비교

표 9-4 전년 대비 국가경쟁력 성과(AOL)

경쟁력 / 규모		소국(小國)		중국(中國)		대국(大國)	
강국 (强國)	우수	덴마크 이스라엘 네덜란드	(8) (8) (8)	프랑스	(9)		
	보통	벨기에 홍콩 스위스	(3) (−3) (−3)	노르웨이 타이완 핀란드 뉴질랜드	(2) (2) (−1) (−1)	호주 캐나다 독일 일본 미국	(1) (1) (0) (0) (0)
	저조	싱가포르 오스트리아	(−6) (−7)	스웨덴 영국	(−4) (−4)		
중국 (中國)	우수	요르단 쿠웨이트 크로아티아	(12) (7) (5)	루마니아 필리핀	(10) (7)	중국 멕시코	(8) (6)
	보통	파나마 체코 그리스 아랍에미리트 헝가리 포르투갈	(4) (2) (1) (−1) (−2) (−3)	칠레 한국 이탈리아 태국 폴란드	(3) (3) (2) (0) (−3)	콜롬비아	(3)
	저조			말레이시아 스페인	(−4) (−5)	브라질 러시아 사우디아라비아	(−4) (−6) (−7)
약국 (弱國)	우수			스리랑카	(5)	이집트 나이지리아 파키스탄 인도네시아	(12) (10) (10) (9)
	보통	과테말라 도미니카 공화국	(1) (−3)	케냐 캄보디아 우크라이나 베네수엘라	(4) (3) (0) (−3)	베트남 리비아 페루 방글라데시 이란 아르헨티나	(4) (2) (2) (1) (−1) (−2)
	저조			오만 모로코	(−4) (−9)	인도 터키 남아프리카공화국	(−5) (−5) (−7)

CHAPTER 9 | 국가경쟁력의 측정과 분석 [**229**]

해 그 차이에 따라 국가들을 해당 그룹 내에서 우수(advancer), 보통 (ordinary), 저조(lagger)로 재분류하고 있다. 이 표를 통해 개별 국가들 은 자국뿐 아니라 동일 그룹에 속해 있는 경쟁 국가들의 국가경쟁력 향상 속도와 그 방향을 읽을 수 있고, 이를 통해 경쟁력 향상을 위한 함의를 도출할 수 있다.

국가경쟁력 성과는 전체 국가의 전년 대비 성과에 대해 사분위 분 석(quartile analysis)을 실시해 산출됐다. 즉 전년 대비 성과가 상위 25% 안에 드는 국가는 우수로, 하위 25% 이하의 국가는 저조로 분 류하고, 나머지 국가는 보통으로 분류됐다. 괄호 안에는 전년 순위와 의 차를 기록했다.

한국은 전년 대비 3단계 상승했으나 그 폭이 크지 않아 보통으로 분류되어 있다. 한국이 속해 있는 중중국(中中國)에서는 루마니아와 필리핀의 상승세가 두드러진 반면, 말레이시아와 스페인의 성과는 저조하다.

한국이 속해 있는 국가 규모가 중(中)인 그룹의 국가들을 정리해 보면 그림 9-2와 같다. 한국은 국가 규모가 중인 총 23개 국가 중 9 위를 차지했다. 이를 다시 경쟁력을 기준으로 3개 그룹으로 나눈 중 중국에서는 이탈리아에 이어 2위를 차지하고 있다(표 9-3 참조).

그림에서 볼 수 있는 바와 같이 한국은 이탈리아, 칠레와 같은 나 라들과 실질적으로 경쟁하고 있다. 특히 이 두 나라는 표 9-4에 나 타난 바와 같이 경쟁력이 상승세이므로 예의 주시해야 할 대상임을 알 수 있다. 그러나 한국의 경쟁력을 상승시키기 위해서는 이 국가들 과의 경쟁만을 생각할 것이 아니라 궁극적으로 중 그룹의 최상위에

그림 9-2 국가 규모 중(中) 그룹 국가

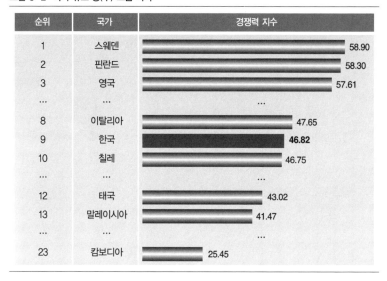

순위	국가	경쟁력 지수
1	스웨덴	58.90
2	핀란드	58.30
3	영국	57.61
…	…	…
8	이탈리아	47.65
9	한국	**46.82**
10	칠레	46.75
…	…	…
12	태국	43.02
13	말레이시아	41.47
…	…	…
23	캄보디아	25.45

있는 스웨덴(1위), 핀란드(2위), 영국(3위) 등을 적극적으로 벤치마킹해 경쟁력을 키우고 이를 통해 중중국 그룹을 넘어서 강중국(强中國)으로 진입하는 전략을 수립해야 한다.

지금까지 구체적인 사례를 통해 국가경쟁력을 측정하고 분석하는 DDD 모델과 국가 그룹의 내용을 살펴봤다. 국가경쟁력을 올바르게 측정하고 의미 있는 분석을 실시해 개별 국가의 경쟁 위치와 경쟁 상대, 그리고 벤치마킹 대상을 파악했다면 이제 이를 토대로 해 국가경쟁력을 실질적으로 향상시킬 수 있는 전략과 실행 방법을 모색해야 한다. 10장에서는 IPS 국가경쟁력 연구 2005년 보고서에 수록된 자료를 통해 시뮬레이션과 실행의 실제 사례를 살펴보자.

요약 DDD 모델을 통해 분석한 한국의 2005년 국가경쟁력 순위는 전체 66개 국가 중 22위를 차지했다. DDD 모델의 항목별로 분석한 순위를 살펴보면 한국의 국가경쟁력이 선진국형 구조를 띠고 있다는 사실을 알 수 있으며 그 구조가 전년보다 강화됐다. 국가 그룹을 통해 분석해 본 결과 한국은 중중국(中中國) 그룹에 속해 있으며 경쟁력을 강화시키기 위해서는 중중국에서 경쟁력이 가장 높은 스웨덴, 핀란드, 영국 등을 벤치마킹해 궁극적으로 강중국(强中國) 그룹으로 이동해야 한다.

표 9-5 IPS 국가경쟁력 연구 2005년 부문별 순위

요소 / 순위	물적요소				인적요소			
	생산요소 조건	경영여건	관련 및 지원 산업	시장수요 조건	근로자	정치가 및 행정관료	기업가	전문가
1위	미국	네덜란드	미국	일본	중국	네덜란드	캐나다	덴마크
2위	캐나다	홍콩	덴마크	미국	인도	벨기에	네덜란드	캐나다
3위	러시아	벨기에	스웨덴	프랑스	스리랑카	덴마크	이스라엘	네덜란드
4위	중국	영국	네덜란드	덴마크	베트남	핀란드	미국	스웨덴
	……	……	……	……	……	……	……	……
한국 순위							11위	
				18위				17위
			22위					
		32위					32위	
	57위							
				61위				

국가경쟁력의 시뮬레이션과 실행

【고식지계(姑息之計)】

정부가 국제 기구들에게서 낮은 평가를 받고 있는 노사 관계와 교통 안전도 등 18개 지수를 중점관리대상 지수로 선정, 하위권 탈출에 나선다. 정부는 민관 합동으로 구성된 '국가경쟁력분석협의회'를 통해 지수별 주관 부처의 국가경쟁력 제고 실적을 정기적으로 점검, 관리할 방침이다. 국무조정실은 11일 고건 대통령 권한대행 주재로 열린 국무회의에서 이 같은 내용의 '2004년도 세계경쟁력 평가 및 우리나라의 국가경쟁력 제고 방안'을 보고했다. … 이에 따라 정부는 지수별 주관 부처들의 책임 아래 국제평가기관 등에 대한 해외 홍보를 강화하는 한편 잘못된 통계나 지수산정 등 문제점이 발견될 경우 적극적인 시정 노력을 기울여나가기로 했다. 국가경쟁력분석협의회에서는 각 부처들의 국가경쟁력 향상 대책을 정기적으로 점검하고, 향후 중점 관리할 필요가 있는 국가경쟁력 지수를 발굴해 관리해 나갈 방침이다.
(2004년 5월 12일, 〈서울신문〉, '국가경쟁력 하위권 탈출 나선다')

… 그렇다면 선진국형 경쟁력 구조를 더욱 강화해 국가경쟁력의 상승 기조를 유지하기 위해선 어떻게 해야 하는가? 우선 후진국 전략으로 대표되는 '저비용'의 강박관념에서 벗어나 부가가치를 극대화시키는 선진국형 '차별화' 전략을 추구해야 한다. … 좀더 구체적으로 물적요소의 측면에서는 첫째, 천연자원의 부족을 고부가가치산업으로 극복해야 한다. 즉 단순 제조 산업을 지양하고 기술 및 디자인 등을 통해 부가가치를 극대화하는 산업 정책을 강화해야 한다. 둘째, 소비자의 역량이 더욱 성숙돼야 한다. 한 국가의 경쟁력은 생산자뿐 아니라 제품을 구매하는 소비자의 세련미에 의해서도 크게 영향을 받기 때문에 소비 행위의 성숙을 통해 시장수요의 경쟁력을 강화시켜야 한다.
또한 인적요소에서는 첫째, 근로자의 사고가 근본적으로 변화해야 한다. 근로자는 고임금을 상회하는 부가가치를 창출해야 하므로 임금 인상 요구에 앞서 생산성을 높여야 한다. 둘째, 기업가와 전문가의 역량을 강화할 수 있는 사회적 여건을 조성해야 한다. 기업가의 창조 정신을 더욱 고취시킬 수 있는 방향으로 시장 메커니즘을 발전시키고, 전문 인력을 확보하기 위해 고등 교육 제도를 개선하고, 고급 인력시장을 개방해야 한다. (이하 생략)
(2005년 5월 31일, 〈한국경제〉, '다산칼럼-'국가경쟁력 22위'의 시사점')

한 국가의 경쟁력은 여러 면에서 중요한 의미를 지닌다. 이러한 까닭에 국가경쟁력을 강화하려는 노력이 지속되고 있다. 문제는 방법이다. 국제평가기관 등에 대한 해외 홍보를 강화하고, 통계나 지수 등의 문제점이 발견될 경우 적극적으로 시정하며, 중점 관리할 필요가 있는 국가경쟁력 지수를 발굴해 관리해 나간다면 국가경쟁력 지수는 나아질 것이다. 그러나 국가경쟁력 지수는 국가경쟁력의 결과일 뿐이다. 결과에 대해 개선 조치를 취한다면 단기적으로 개선되는 것처럼 보일 수는 있으나 근본적인 대책이 될 수는 없다. 고식지계(姑息.之計)일 뿐이다. 국가경쟁력을 향상시키기 위해서는 국가경쟁력을 구성하는 항목들을 효과적으로 활용하는 전략을 수립해 실행해야 한다. 10장에서는 국가경쟁력을 향상시키기 위한 전략을 수립하고 실행하는 방법에 대해 구체적으로 살펴보겠다.

1

시뮬레이션 : 전략 시뮬레이션

　　　　　9장에 이어 10장에서는 측정 및 분석된 국가경쟁력을 바탕으로 국가경쟁력을 향상시키기 위한 전략의 도출 및 그 실행 방법에 대해 구체적으로 살펴보려 한다. 8장에서 논의한 바와 같이 IPS 국가경쟁력연구보고서는 두 가지 경쟁 전략(저원가 전략, 차별화 전략)을 통해 전략 시뮬레이션을 실시하고 이를 통해 국가의 경쟁력 구조를 밝히는 한편 경쟁력 향상에 적합한 전략을 도출하고 있다.

　앞서 논의한 바와 같이 전략 시뮬레이션에서는 아무런 가중치를 주지 않은 현 전략 순위를 출발점으로 삼아 두 가지 경쟁 환경(현 전략 경쟁 환경, 최고 전략 경쟁 환경)에서 두 가지 경쟁 전략(저원가 전략, 차별화 전략)을 적용해 총 네 가지 결과를 얻을 수 있다. 표 10-1에는 두 가지 경쟁 환경(현 전략, 최고 전략) 하에서 IPS 국가경쟁력연구 2005년 순위에 저원가 및 차별화 전략을 적용해 산출된 전략 시뮬레이션의 순위를 현 전략 순위(IPS 국가경쟁력연구 2005년 순위) 기준으로 정리했다.

전략 시뮬레이션의 결과를 통해 두 가지 중요한 함의점을 도출할 수 있다. 첫째, 국가별로 국가경쟁력을 향상시키기 위한 전략이 다르다. 예를 들어 일본의 현재 순위(현 전략 순위)는 19위인데 일본이 현 경쟁 환경에서 저원가 전략을 실시한다면 그 순위는 37위로 떨어진다. 반면 동일한 환경에서 차별화 전략을 적용하면 경쟁력 순위가 1위로 상승한다. 한편 인도의 경우 결과가 반대다. 즉 인도는 현재 47위이지만 현 전략 경쟁 환경에서 저원가 전략을 실행하면 38위로 경쟁력이 상승하고 차별화 전략을 취하면 오히려 59위로 떨어진다. 둘째, 최고 전략 경쟁 환경 하에서는 현 전략 경쟁 환경 하의 시뮬레이션과 동일한 패턴을 보이나 그 순위는 더 떨어진다. 일본의 경우 다른 국가들이 최고 전략을 구사하는 경쟁 환경에서 최선의 전략을 실행했을 경우 15위를 차지하고 최악의 전략을 선택했을 경우 49위로 떨어지게 된다. 인도 역시 최선의 전략일 경우 48위를 기록하고 최악의 전략일 경우 63위로 하락한다.

위의 두 가지 내용을 종합해 보면 개별 국가는 자국의 경쟁력 구조에 적합한 전략을 파악해 실행해야 하고 전략의 실패(최고 경쟁 환경 하 최악의 전략)는 국가경쟁력에 치명적인 위협을 초래하게 된다는 사실을 알 수 있다. 개별 국가의 경쟁력의 구조는 시뮬레이션 결과를 통해 확인할 수 있다. 즉 저원가 전략을 적용했을 때 경쟁력 순위가

표 10-1 IPS 국가경쟁력연구 2005년 전략 시뮬레이션 결과

구분	현 전략			최고 전략	
	현 전략	저원가	차별화	최선	최악
미국	1	13	1	3	22
캐나다	2	16	1	4	23
네덜란드	3	20	1	1	33
덴마크	4	24	1	2	35
벨기에	5	24	1	5	35
스웨덴	6	25	1	7	35
핀란드	7	21	1	10	35
영국	8	25	1	8	36
프랑스	9	26	1	9	37
홍콩	10	26	1	12	37
싱가포르	11	25	1	13	36
노르웨이	12	24	1	14	35
스위스	13	31	1	11	44
이스라엘	14	34	1	6	44
호주	15	24	3	17	35
뉴질랜드	16	25	4	19	36
독일	17	35	4	18	44
타이완	18	35	5	20	44
일본	19	37	1	15	49
오스트리아	20	37	2	16	46
이탈리아	21	38	6	22	52
한국	22	43	5	21	57
칠레	23	21	18	26	38
중국	24	21	26	30	36
멕시코	25	35	14	23	45
스페인	26	43	17	25	56
포르투갈	27	37	21	31	49
그리스	28	40	17	24	54
헝가리	29	37	19	27	51
태국	30	37	21	29	49
쿠웨이트	31	37	19	28	51
말레이시아	32	43	21	32	56

요르단	33	38	22	34	51
필리핀	34	40	21	33	53
파나마	35	40	26	36	54
아랍에미리트	36	40	22	35	54
브라질	37	37	31	41	49
체코	38	51	31	40	60
폴란드	39	51	32	43	60
러시아	40	42	27	37	54
콜롬비아	41	51	27	38	61
크로아티아	42	55	32	42	61
루마니아	43	54	31	39	61
사우디아라비아	44	57	32	44	61
인도네시아	45	48	38	49	60
도미니카 공화국	46	52	36	45	61
인도	47	38	59	48	63
베트남	48	52	40	53	61
이집트	49	51	38	51	60
파키스탄	50	54	39	52	61
스리랑카	51	51	47	59	61
오만	52	59	38	47	62
남아프리카 공화국	53	59	36	46	62
과테말라	54	62	41	54	63
터키	55	58	47	60	62
페루	56	62	44	57	63
나이지리아	57	58	44	56	62
모로코	58	62	43	55	63
케냐	59	59	52	61	63
베네수엘라	60	62	38	50	63
아르헨티나	61	62	58	62	63
우크라이나	62	63	47	58	63
캄보디아	63	64	60	63	66
방글라데시	64	64	64	64	65
이란	65	65	65	66	66
리비아	66	66	64	65	66

상승하는 국가는 저원가 전략에 적합한 구조를 지닌 국가이고 차별화 전략을 적용했을 때 순위가 상승하는 국가는 차별화 전략에 적합한 구조를 지닌 국가다.

앞서 9장에서 논의한 한국의 국가경쟁력 구조를 생각해 보면 이를 더 쉽게 이해할 수 있다. 즉 한국의 경우 시장수요조건과 전문가로 갈수록 경쟁력이 상승하는 구조를 지니는데, 이러한 구조에서는 시장수요조건 및 전문가에 더 많은 가중치를 부여하는 차별화 전략이 국가경쟁력을 향상시키는 데 더 적합하다. 표 10-1의 내용에서도 한국은 차별화 전략에서 순위가 더 높다. 일반적으로 차별화 전략은 선진국에 적합한 전략이고 저원가 전략은 후진국에 적합한 전략이다. 이에 대해서는 전략 시뮬레이션의 결과를 국가 그룹에 적용하는 항목에서 자세히 이야기하겠다. 결국 전략 시뮬레이션을 통해 개별 국가에 경쟁력 구조를 명확히 확인하고 이를 바탕으로 적합한 전략을 실행해야 전략적 재앙을 막을 수 있다. 다른 국가들이 자국의 경쟁력을 최고로 높이는 전략을 실행하는 경쟁 환경(최고 전략 경쟁 환경)에서 잘못된 전략적 선택(최악의 전략)을 하면 국가경쟁력은 급격히 하락한다.

그림 10-1에 표현된 바와 같이 전략 시뮬레이션에 따른 국가경쟁력 지수의 변화를 고찰해 보면 국가경쟁력에 대해 세 가지 중요한 사실을 발견할 수 있다. 첫째, 경쟁력이 높은 국가일수록 저원가 전략의 경쟁력 지수와 차별화 전략의 경쟁력 지수 간의 차이가 커진다. 이는 경쟁력이 높은 국가일수록 전략 선택에 신중을 기해야 한다는 사실을 보여주고 있다. 둘째, 대부분의 국가에서 차별화 전략의 경쟁

그림 10-1 전략에 따른 경쟁력 지수의 변화

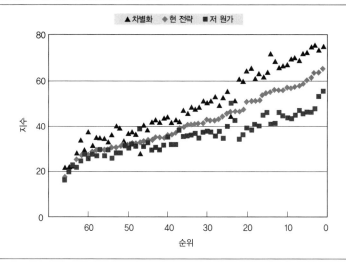

력 지수가 더 높게 나타난다. 마지막으로 경쟁력이 낮은 국가들은 두 가지 전략 모두 별 효력이 없다. 따라서 이 국가들이 발전하기 위해서는 국가경쟁력 구조를 대폭 바꾸어야 한다.

이러한 내용을 좀더 일반화시키기 위해 통계 분석을 실시하면 다음과 같은 세 가지 중요한 함의점을 도출할 수 있다.[8] 첫째, 저원가 전략은 국가의 규모가 크고 경쟁력이 낮을수록 의미가 있다. 둘째, 차별화 전략은 국가의 규모가 작고 경쟁력이 높을수록 유의미하다. 마지막으로 개별 국가들은 저원가 전략이나 차별화 전략 중 한 가지만 선택해서 실행해야 한다. 시뮬레이션 결과를 분석해 보면 저원가 전략이나 차별화 전략 중 한 가지만이 국가경쟁력을 향상시킬 수 있

---

[8] 통계 분석 결과는 10장 끝 부분 참조.

그림 10-2 국가 그룹별 경쟁 전략

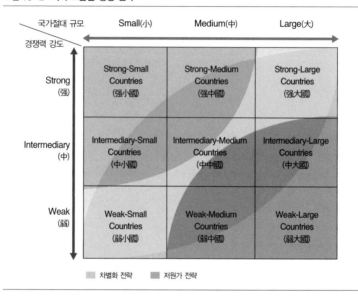

으며, 나머지 전략을 적용하면 국가경쟁력은 현 전략을 적용한 경쟁력보다 낮아진다. 이상의 내용을 국가 그룹별로 정리하면 그림 10-2와 같은 결과를 얻을 수 있다.

그림에서 볼 수 있는 바와 같이 규모가 크고 경쟁력이 낮은 국가들은 저원가 전략에 적합한 경쟁력 구조를 지니고 있는 반면 규모가 작고 경쟁력이 높은 국가들은 차별화 전략에 적합한 구조를 갖추고 있다. 결국 개별 국가의 경쟁력은 국가의 규모와 경쟁력에 따라 상이한 구조를 갖게 되는데 이러한 구조에 알맞은 경쟁 전략을 수립해야만 국가경쟁력을 향상시킬 수 있다.

지금까지 논의된 사항을 종합해 한국 · 중국 · 일본의 전략 시뮬레이션 결과를 비교해 보자. 그림 10-3은 한 · 중 · 일의 전략 시뮬레이

그림 10-3 한·중·일의 전략 시뮬레이션 결과

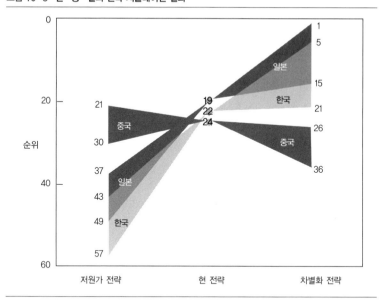

션 순위를 스펙트럼으로 나타낸 것이다. 앞서 논의한 바와 같이 두 가지 경쟁 환경(현 전략 경쟁 환경, 최고 전략 경쟁 환경)은 개별 국가가 경쟁 전략을 실행할 수 있는 환경의 양 극단을 보여주는 것이므로 각각의 경쟁 환경에서 산출된 전략 시뮬레이션 순위는 순위 그 자체가 아니라, 개별 국가가 경쟁 전략을 실행해 얻을 수 있는 순위 연속체의 양끝으로 이해해야 한다. 그림에서 볼 수 있는 바와 같이 전략 시뮬레이션 결과의 모양과 순위는 개별 국가가 속해 있는 국가 그룹에 따라 달라진다.

통계 분석 결과에서 밝혀진 바와 같이 국가 규모가 큰 중국은 저원가 전략이 국가경쟁력을 향상시키고 차별화 전략은 경쟁력을 감소시킨다. 반면 한국의 경우 차별화 전략을 실시하면 경쟁력이 상승하고 저원가 전략을 취하면 경쟁력이 감소한다. 일본도 마찬가지다. 이러한 결과를 통해 다음과 같은 두 가지 사실을 다시 확인할 수 있다. 첫째, 국가들은 경쟁력 구조가 다르다. 따라서 개별 국가들은 자국의 경쟁력 구조를 정확히 파악해야 한다. 둘째, 올바른 전략을 실행해야 한다. 전략 시뮬레이션을 통해 도출 된 순위와 현재 순위를 비교해 보면 경쟁 전략의 선택에 따라 순위의 차이가 크다는 것을 알 수 있다. 올바른 전략은 국가경쟁력을 상승시키지만 잘못된 전략은 돌이킬 수 없는 결과를 불러일으킨다.

실행 : 최적 전략 2

이제 국가경쟁력 평가의 마지막 단계로 국가경쟁력을 실질적으로 향상시킬 수 있는 전략을 수립해 실행하는 일이 남아 있다. 앞서 논의한 국가경쟁력의 측정, 분석, 시뮬레이션의 결과를 바탕으로 한국의 국가경쟁력 향상을 위한 실행 전략을 도출했다(표 10-2 참조).

한국의 국가경쟁력을 실질적으로 향상시킬 수 있는 구체적인 실행 전략은 DDD 모델을 통해 측정한 8개 항목의 경쟁력을 바탕으로 국가 그룹 분석에서 살펴본 중중국의 특성에 맞도록 전략 시뮬레이션에서 도출한 차별화 전략을 적용해야 한다. 우선 최적 전략 매트릭스의 8개 항목에 DDD 모델을 통해 산출한 경쟁력 순위를 적용해 각 항목별 한국의 현 위치를 파악한다. 그 후 현 위치보다 발전한 단계

표 10-2 한국의 국가경쟁력 향상을 위한 실행 전략

발전단계 / 항목		개발도상국 (Developing)	과도기 (Transitional)	선진국 (Developed)	경쟁력 강화 전략
물적 요소	생산요소 조건	부존자원 (Resource-based)	제조 (Manufactur-ing-based)	지식 (Knowledge-based)	• 국제화를 통해 부족한 부존 자원 극복 • 제품 생산 과정에 지식(기술, 디자인 등)을 적용하여 고부가가치 창출
	경영여건	보호주의 (Protectionism)	효율성 (Efficiency)	경쟁 (Competition)	• 윤리경영, 노사관계 등 기업의 질적 역량 강화 • 적극적인 시장 개방을 통해 투자를 유치하고 경쟁체제 확립
	관련 및 지원 산업	물적기반 시설 (Physical Infra-structure)	산업클러스터 (Industrial Cluster)	지역통합 (Regional Integration)	• 산학협동 강화, 투자 증대 등 R&D 역량 강화를 위한 활동 • 기술, 인력, 서비스를 효율적으로 조달하고 활용하기 위한 지역 통합 실현
	시장수요 조건	양 (Quantity)	질 (Quality)	세련도 (Sophistication)	• 시장 개방을 통한 시장의 크기 확대 • 브랜드, 친환경제품 등 현재 우수한 성적을 보이고 있는 시장의 질적 역량을 더욱 강화
인 적 요 소	근로자	저임금 (Cheap)	의욕 (Motivated)	숙련 (Skilled)	• 상생적 노사관계를 확립하고 근로 의욕 고취 • 평생 학습 체제 구축 등 근로자 교육 및 훈련 시스템을 강화하여 근로자의 숙련도 향상
	정치가 및 행정관료	주도 (Facilitation)	지원 및 규제 (Support & Regulation)	조언 (Advice)	• 정치 시스템의 안정성과 효율성 증대 • 혁신의 조언자로서 환경, 건강, 안전에 관련된 선진국형 규제는 더 강화하되, 지원에 따른 반대급부적인 규제 및 인허가 관련 규제는 최소화
	기업가	위험감수 (Risk Taking)	효율성 증진 (Efficiency Developing)	가치창조 (Value Creating)	• 직접적인 창업 지원보다는 기업가의 창조 정신 고양을 위한 시장 메커니즘 강화
	전문가	관리(감독) (Operational)	경영 (Managerial)	전략 (Strategic)	• 고등교육제도의 개선 및 고급 인력시장 개방 • 전문가들의 역량이 최대한 발휘될 수 있는 사회적 여건 조성

인 오른쪽 항목의 내용을 토대로 국가경쟁력 향상 실행 전략을 도출해야 한다. 이때 국가 그룹과 전략 시뮬레이션에서 파악한 개별 국가의 경쟁 위치, 국가경쟁력 구조, 그리고 경쟁 전략의 특성을 모두 고려해야 한다. 한국의 경우 중중국 그룹에서 선진국형 경쟁력 구조를 지니고 있어 차별화 전략이 적합하다.

먼저 물적요소의 경쟁력 향상 전략을 살펴보자. 생산요소조건에서는 국제화를 통해 부족한 부존자원의 문제를 해결하고 생산요소에 지식 등의 요소를 가미해 부가가치를 높여야 한다. 경영여건에서는 노사 문제를 해결하고 윤리 경영 등의 활동을 강화해 경쟁력을 높여야 하며 시장 개방을 적극적으로 추진해 경쟁 체계를 강화해야 한다. 관련 및 지원 산업에서는 산학 협동을 증진하고 R&D에 대한 투자 등을 증대해 R&D 역량을 강화시켜야 하며, 효율성 증대를 위해 지역 통합을 실현해야 한다. 시장수요조건에서는 시장 개방을 통해 시장의 크기를 확대하고 성숙한 소비자 의식 등 시장의 질적인 역량도 지속적으로 강화해야 한다.

다음으로 인적요소의 경쟁력 향상 전략을 살펴보자. 먼저 근로자 항목에서는 노사 관계를 상생적 발전의 차원에서 해결하고 근로자의 능력을 지속적으로 발전시켜 숙련도를 향상시킬 수 있는 시스템을 강화해야 한다. 정치가 및 행정관료는 정치 시스템의 안정성과 효율성을 확보해 국민의 신뢰를 얻어야 하고 규제 철폐에 지속적인 노력을 경주해 조언자로서의 역할을 강화해야 한다. 기업가의 경우 가치 창조의 극대화를 뒷받침하기 위한 사회적 여건을 조성해 주어야 한다. 마지막으로 전문가 항목에서는 전문가의 역량 강화를 위해 고등 교육 제도를 개선하고 고급 인력시장의 개방을 통해 경쟁 체제를 구축해야 하며 자신의 역량을 최대한 발휘해 전략적 비전을 제시할 수 있는 사회적 여건을 조성해야 한다.

8개 항목의 경쟁력 향상 전략을 실행할 때에는 한국의 경쟁 위치와 경쟁력 구조를 항상 고려해야 한다. 즉 중중국 내에서 실질적으로 경쟁하고 있는 경쟁 상대의 전략을 분석하고 강중국 그룹에 속한 국가들의 전략을 적극 벤치마킹해 전략 수립에 활용해야 한다. 또한 한국의 경쟁력 구조는 차별화 전략에 적합하므로 8개 항목의 전략을 수립할 때뿐만 아니라 8개 항목별 비중에서도 차별화 전략에 초점을 맞추어야 한다. 즉 근로자의 경쟁력을 향상시키기 위해 임금을 낮추는 등의 저원가 전략을 실행하기보다는 숙련도를 높여 고부가가치를 창출함으로써 경쟁력을 확보하는 차별화 전략에 주안점을 주어야 한다. 나아가 8개 항목 전체의 비중에서도 생산요소조건이나 근로자보다는 시장수요조건이나 전문가에 더 많은 전략적 자원을 배분해야 한다.

지금까지 구체적인 사례를 통해 국가경쟁력을 향상시키기 위한 전략 시뮬레이션과 최적 전략의 도출 방법을 살펴봤다. 전략 시뮬레이션을 통해 국가의 경쟁력 구조와 그에 적합한 경쟁 전략을 확인하고 전략 선택의 중요성을 절감할 수 있었다. 또한 한국의 경쟁력을 향상시키는 실행 전략을 통해 국가경쟁력 발전을 위한 구체적인 전략의 수립과 실행 방법을 확인할 수 있었다. 이로써 국가경쟁력을 평가하기 위해 필요한 '측정-분석-시뮬레이션-실행'이라는 종합적인 방법론을 모두 살펴봤다. 이론편에서 논의한 국가경쟁력의 개념을 명확히 이해한 후 실제편에서 소개된 종합적인 방법론을 적용하면 국가경쟁력을 올바르게 측정하고 분석해 경쟁력 향상에 적합한 전략을 수립하고 실행할 수 있으며 궁극적으로 국가경쟁력 향상이라는 목표를 달성할 수 있다. 다음 11장에서는 지금까지 논의한 국가경쟁력의 개념을 확대 적용해 여러 층위의 경쟁력과 비교함으로써 경쟁력의 본질에 대해 생각해 보자.

전략 시뮬레이션 결과의 통계 분석

IPS 국가경쟁력 연구 2005년 보고서에서 분석한 66개 국가의 경쟁력 지수에 전략 시뮬레이션을 실시해 산출한 지수들과 국가 그룹을 분류하는 기준을 상관 분석하면 다음과 같은 결과를 얻을 수 있다. 첫째, 저원가 전략은 국가 규모가 크고 경쟁력이 낮은 국가에 적합하다. 다음 표 10-3에서 '저원가 지수-현 전략 지수'는 '국가 규모'와 양의 상관관계이며, '경쟁력'과는 음의 상관관계다. 즉 국가 규모가 클수록 저원가 전략이 적합하고 경쟁력이 높을수록 저원가 전략이 적합하지 않다. 둘째, 차별화 전략은 국가 규모가 작고 경쟁력이 높은 국가에 적합하다. '차별화 지수-현 전략 지수'는 '국가 규모'와 음의 상관관계이며, '경쟁력'과는 양의 상관관계다. 즉 국가 규모가 클수록 차별화 전략이 부적합하고 경쟁력이 높을수록 차별화 전략이 적합하다는 것을 알 수 있다. 마지막으로 표에는 나타나 있지 않지만 '저원가 지수-현 전략 지수'와 '차별화 지수-현 전략 지수'는 음의 상관관계다($r = -0.899$, $p < 0.000$). 이는 저원가 전략의 지수가 높을수

표 10-3 국가 규모와 경쟁력의 상관관계

		저원가-현 전략[2]	차별화-현 전략[3]
국가 규모	상관계수	0.375**	-0.394**
	유의수준(양측)	0.002	0.001
	개수	66	66
경쟁력 (현 전략[1])	상관계수	-0.843**	0.695**
	유의수준(양측)	0.000	0.000
	개수	66	66

* 상관계수는 0.05 수준에서 유의함(양측검정)
** 상관계수는 0.01 수준에서 유의함(양측검정)
1) 현 전략 : 현 전략 지수
2) 저원가-현 전략 : 저원가 전략 지수-현 전략 지수
3) 차별화-현 전략 : 차별화 전략 지수-현 전략 지수

록 차별화 전략의 지수가 낮다는 것을 의미한다. 즉 저원가 전략과 차별화 전략이 상보적 분포를 보이는 것이다. 결국 저원가 전략과 차별화 전략은 동시에 사용할 수 없는 전략이다.

요약

국가경쟁력에 대한 전략 시뮬레이션을 통해 다음과 같은 함의점을 도출했다. 첫째, 개별 국가가 속한 국가 그룹에 따라 국가의 경쟁력 구조가 다르다. 국가 규모가 크고 경쟁력이 낮은 국가는 저원가 전략에 적합한 경쟁력 구조를 지니고, 국가 규모가 작고 경쟁력이 높은 국가는 차별화 전략에 적합한 구조를 갖추고 있다. 둘째, 경쟁 전략은 국가경쟁력 구조에 맞게 선택해야 한다. 전략 시뮬레이션의 결과는 경쟁 환경에 따라 큰 차이를 보이며, 특히 잘못된 전략을 선택할 경우 국가경쟁력은 급속히 하락한다.

국가경쟁력을 향상시키기 위한 구체적인 실행 전략을 수립하기 위해서는 국가경쟁력의 측정, 분석, 전략 시뮬레이션 결과를 모두 고려해야 한다. 먼저 국가경쟁력의 측정 결과를 바탕으로 최적 전략 매트릭스에서 각 항목별 현 위치를 파악해 그 다음 단계의 목표를 달성하기 위한 구체적인 전략을 수립해야 한다. 이과정에서 국가 그룹 분석을 통해 도출한 경쟁자 및 벤치마킹 대상의 전략을 면밀히 검토, 반영하며 전략 시뮬레이션을 통해 파악한 경쟁 전략에 초점을 맞추어야 한다.

【경쟁력】

경쟁력에 대해 많은 논의가 있어 왔지만 아직 이에 대한 명확한 개념이나 모델이 정립 되지는 않았다. 뿐만 아니라 경쟁력의 실체에 대해서도 논쟁이 계속되고 있다. 경쟁력이 라는 개념이 제품 및 기업의 수준에 적합한 개념이라고 주장하는 학자도 있고 산업이나 국가 수준에 적합한 개념이라고 생각하는 학자도 있다. 일군의 학자들은 반도체 산업에서 실리콘밸리, 의류 산업이 활발한 이탈리아 북부 밀라노 지방, 신발 산업이 집약되어 있는 부산과 같이 국가 내 특정 지역이 경쟁력을 설명하기에 적합하다고 주장하기도 한다. 또 한 EU, NAFTA, ASEAN, APEC 등과 같은 블록 경제에 대한 관심이 증대하면서 '블록 경쟁력' 같은 개념을 통해 이들을 경쟁력의 분석 단위로 삼으려는 새로운 조류가 곧 나타 날 것이다.

(조동성, 1998, 'From National Competitiveness to Bloc and Global Competitiveness')

그러나 이러한 네 가지 경쟁력 결정객체와 네 가지 결정주체 및 기회를 좀더 정확히 분 석해 국제경쟁력을 평가하기 위해서는 … 국가, 산업, 기업차원에서 각각 별도로 설명되고 있는 국제경쟁력 결정요인들을 포괄적으로 파악해야 한다. 따라서 9개의 결정요인들은 제 각기 지역 차원, 국가 차원, 산업 차원, 기업 차원 등 네 가지 범주에 걸쳐 경제 활동에 영 향을 미치는 것으로 이해할 필요가 있다. 여기에서 지역 차원은 국제경쟁력을 결정하는 경 쟁우위의 원천이 되는 요소가 국가를 초월하는 지역적인 영역에서 형성되는 것을 말하며, 국가 차원은 국제경쟁력을 형성하는 원천이 특정 국가를 바탕으로 창출되는 것을 말한다. 그리고 산업 및 기업 차원은 산업 내부 또는 개별 기업 수준에서 국제경쟁력을 형성하는 경쟁우위가 창출되는 것을 말한다. 따라서 한국의 국제경쟁력에 대한 올바른 평가를 바탕 으로 국가경쟁력을 제고시키는 전략을 좀더 현실에 맞게 수립하기 위해서는 아홉 가지 변 수 하나하나에 대해 네 가지 범주를 동시에 고려하는 복합적인 시각이 필요하다.

(조동성, 1994 : 36, 《국가경쟁력 : 선진국으로 가는 지름길》)

국가경쟁력이라는 개념도 결국 경쟁력의 하위 개념이다. 경쟁력은 그 분석 수준에 따라 기업경쟁력, 산업경쟁력, 국가경쟁력, 블록경쟁력, 세계경쟁력 등으로 구분할 수 있다. 사실 경쟁력이라는 개념은 추상적이라 그에 적합한 분석 수준에 대해 많은 논란이 있어 왔다. 그러나 DDD 모델의 구성요소를 통해 살펴보면 각 층위별로 묘사되어 있는 경쟁력의 개념을 하나의 틀 내에서 포괄적으로 이해할 수 있다. 11장에서는 모든 분석 수준에서 경쟁력을 포괄적으로 분석하는 접근 방법을 통해 경쟁력의 본질을 밝히고자 한다.

1 SER-M 모델

국가경쟁력의 개념을 확대해 DDD 모델을 기업, 산업, 블록, 세계 등으로 확대 적용하면 각 층위별로 경쟁력을 구성하는 항목은 같으나 그 역할이 다르다는 것을 알 수 있다. 즉 기업경쟁력, 산업경쟁력, 국가경쟁력, 블록경쟁력, 세계경쟁력은 모두 DDD 모델을 구성하는 8개 항목으로 설명할 수 있고 각 층위별로 개별 항목의 역할은 다르다.

모든 수준에 포괄적으로 적용할 수 있는 경쟁력의 모델을 도출하기 위해서는 먼저 각 수준별로 DDD 모델을 구성하는 항목의 상이한 역할을 설명하기에 적합한 SER-M 모델(Cho, 1995, 1998 ; Cho and Lee, 1998; Cho and Cui, 2000)을 살펴볼 필요가 있다. SER-M 모델은 그림 11-1에서 볼 수 있는 바와 같이 주체(subject), 환경(environment), 자원

그림 11-1 SER-M 모델

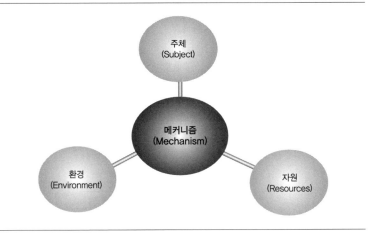

(resource), 메커니즘(mechanism)의 약자로서 현상의 원인을 밝히는 모델이다.

일반적으로 조직이 지속적으로 성장하기 위해서는 환경과 끊임없는 상호작용을 해야 하는데, 주체(S)가 환경(E)의 의미를 파악하고 환경 변화에 적응하거나 변화를 선도할 수 있는 전략을 수립해 실행하기 위해 필요한 자원(R)을 활용, 창출하는 과정에서 메커니즘(M)이 형성된다.

첫번째 항목인 주체는 정부 정책이나 기업 전략을 통해 주어진 환경에서 가용한 자원을 활용함으로써 경쟁력을 창출한다. 두번째 항목인 환경은 기업 외부에 존재하는 모든 것으로서, 주체는 환경에 적응할 수도 있고 자신의 의지로 환경을 재구성하거나 창조할 수도 있다. 세번째 항목인 자원은 주체의 의지에 따라 활용할 수 있는 역량이다. 한 국가의 산업이나 그 산업 내 기업은 환경의 변화에 대해 상이하게 대응하는데, 이는 해당 산업이나 기업이 보유하고 있는 자원이 서로 다르기 때문이다. 마지막으로 메커니즘은 주체가 자신에게 주어진 자원을 활용하거나 창조하는 원칙이다. 예를 들어 기업 전략은 기업가나 경영자가 기업 내 자원을 활용하는 방식이라는 관점에서 일종의 메커니즘이다. 또한 조직도 구성원 간의 역할과 관계를 규정한다는 관점에서 보면 역시 메커니즘의 좋은 예라 할 수 있다.

경쟁력의 본질 2

경쟁력에 대한 분석은 주로 기업, 산업, 국가 수준에서 이루어져 왔다. 최근에는 EU, NAFTA, ASEAN, APEC 등의 등장과 함께 블록경쟁력 또한 새로운 분석 수준으로 주목받고 있다. 이러한 블록이 형성되는 배경에는 개별 국가의 경쟁력을 통합해 블록 전체의 경쟁력을 향상시키고자 하는 의도가 깔려 있다. 이러한 블록경쟁력의 개념을 더욱 확장하면 세계경쟁력이라는 개념에 이르게 되는데, 이는 모든 국가와 블록의 경쟁력을 포괄하는 개념이다. 세계경쟁력은 현존하는 다른 개념과 비교할 수 있는 개념이 아니라 인류의 생활 수준을 통해 과거의 세계경쟁력과 미래의 세계경쟁력과 비교해야 하는 개념이다. 세계경쟁력이 증가한다는 것은 지구상 가용한 모든 자원을 더욱 효율적으로 활용해 인류의 생활 수준을 높인다는 것을 의미한다.

경쟁력의 각 분석 수준별로 DDD 모델을 구성하는 요소들의 역할을 분석하기 위해 기업, 산업, 국가, 블록, 그리고 세계경쟁력을 SER-M 모델의 각 요소와 결합하면 표 11-1과 같은 통합 경쟁력 분석 모델을 얻을 수 있다.

표 11-1의 내용을 살펴보면 경쟁력의 각 분석 수준별로 DDD 모델을 구성하는 항목들의 역할이 다르다는 사실을 알 수 있다. 기업 수준에서는 기업가, 전문가, 노동조합이라는 주체가(주체) 조직을 구성하고 전략을 수립해(메커니즘) 자본과 기술을 활용함으로써(자원) 생산요소조건, 경영여건, 관련 및 지원 산업, 시장수요조건, 정치가 및 행정관료 등(환경)의 이점을 취한다.

산업 수준에서는 기업 수준에서 환경요소로 분류됐던 정치가 및 행정관료가 주체의 역할을 맡는다. 기업가와 전문가는 자원의 일부로서 경쟁력 창출에 기여하고 정치가 및 행정관료는 기업가가 기업 전략이라는 메커니즘을 사용한 것처럼 산업 정책이라는 메커니즘을 통해 자원을 활용한다.

국가 수준에서는 더 많은 자원을 활용할 수 있다. 국가 수준에서는 경영여건과 관련 및 지원 산업이 환경이 아닌 자원으로 분류된다. 정부는 인프라 개선, 시장 구조 개선, 경제 정책 등과 금융, 정보통신, 유통, 수송과 같은 관련 및 지원 산업을 활용해(자원) 경쟁력을 향상시킬 수 있다. 또한 국가 수준에서는 산업 정책과 함께 거시경제 정책이 메커니즘을 형성한다.

블록 수준에서는 블록 지도자들이 주체를 형성한다. 블록 지도자

표 11-1 통합 경쟁력 분석 모델

역할 \ 단위	기업	산업	국가	블록	세계
주체 (subject)	• 기업가 • 전문가 • 노동조합	• 정치가 및 행정관료 • 산업 리더	• 정치가 및 행정관료	• 블록 지도자	• 세계 지도자
환경 (environment)	• 생산요소 조건 • 경영여건 • 관련 및 지원 산업 • 시장수요 조건 • 정치가 및 행정관료 • 기회	• 생산요소 조건 • 경영여건 • 관련 및 지원 산업 • 시장수요 조건 • 기회	• 생산요소 조건 • 기회	• 생산요소 조건 • 시장수요 조건 • 기회	• 기회
자원 (resource)	• 근로자	• 기업가 • 전문가 • 근로자 • 기업 전략	• 경영여건 • 관련 및 지원 산업 • 시장수요 조건 • 기업가 • 전문가 • 근로자	• 경영여건 • 관련 및 지원 산업 • 시장수요 조건 • 정치가 및 행정관료 • 기업가 • 전문가 • 근로자 • 거시경제 정책	• 경영여건 • 관련 및 지원 산업 • 시장수요 조건 • 정치가 및 행정관료 • 기업가 • 전문가 • 근로자 • 거시경제 정책 • 블록 정책
메커니즘 (mechanism)	• 기업 전략	• 산업 정책	• 거시경제 정책 • 산업 정책	• 블록 정책	• 세계 정책

* 이 표에 사용된 항목들은 DDD 모델의 대분류 항목과 그 하위 항목으로 구성되어 있음

들은 국가 수준의 자원을 모두 활용할 수 있고 추가적으로 개별 국가의 정치가 및 행정관료, 그리고 거시경제 정책을 자원으로 활용할 수 있다. 또한 개별 국가의 부존자원과 국내 수요를 통합적으로 활용할 수 있기 때문에 환경요인에 대한 제약이 감소한다.

마지막 세계 수준에서는 세계 지도자가 주체를 형성한다. 세계 지도자는 전세계의 생산요소조건과 시장수요조건을 모두 활용할 수 있기 때문에 환경적 제약이 사라지고 석유 파동, 급격한 환율 변동, 전쟁의 발발과 같이 예측 불가능한 기회요소만이 환경요소로 남게 된다.

이상의 내용을 정리하면 DDD 모델을 구성하는 항목들은 모든 분석 수준에서 경쟁력의 개념을 포괄적으로 설명할 수 있으며, 각 수준별로 그 역할이 다르다는 결론을 이끌어낼 수 있다. 표 11-1은 경쟁력의 분석 수준과 역할이라는 두 가지 항목으로 구성되어 있는데 이를 자세히 살펴보면 분석 수준이 높아질수록 주체가 활용할 수 있는 자원요소는 늘어나는 반면 통제가 불가능한 환경요소는 감소한다는 사실을 알 수 있다. 이에 따라 SER-M 모델의 각 항목별로 분류되어 있는 DDD 모델의 항목은 경쟁력의 분석 수준이 변함에 따라 그 내용이 변한다. 예를 들어 기업 수준에서는 기업가, 전문가, 노동조합 등이 주체의 역할을 맡았지만 국가 수준에서는 정치가 및 행정관료가 이 역할을 담당한다. 즉 분석 수준과 관계없이 경쟁력의 본질은 동일하나 단지 경쟁력을 구성하는 항목들의 역할만 달라질 뿐이다.

결국 이 책의 이론편과 실제편을 통해 살펴본 국가경쟁력의 개념과 측정 및 활용 방법은 비단 국가 수준의 경쟁력 분석에만 사용할 수 있는 개념이라 아니라 기업, 산업, 블록, 세계 수준의 경쟁력을 측정하고 활용하는 데 적용할 수 있음을 알 수 있다. 다시 말해 물적요소를 구성하는 생산요소조건, 경영여건, 관련 및 지원 산업, 시장수요조건과 인적요소를 구성하고 있는 근로자, 정치가 및 행정관료, 기업가, 전문가는 각 수준별로 그 역할을 달리하면서 국가경쟁력뿐 아니라 기업 · 산업 · 국가를 넘어 블록 및 세계의 경쟁력을 분석하는 데도 동일하게 적용할 수 있다.

요약 DDD 모델을 구성하는 항목들은 국가경쟁력뿐 아니라 모든 분석 수준에서 경쟁력이라는 개념을 포괄적으로 설명할 수 있으며 각 수준별로 그 역할이 다르다. 경쟁력은 기업, 산업, 국가, 블록, 세계 수준에서 분석할 수 있는데, 각 수준별로 경쟁력을 구성하는 요소들의 역할을 파악하기 위해 현상의 원인을 주체(subject), 환경(environment), 자원(resource), 메커니즘(mechanism)으로 분석한 SER-M 모델을 각 분석 수준에 적용해 분석하면 DDD 모델을 구성하는 항목들은 모든 수준의 경쟁력을 포괄적으로 설명할 수 있고 각 수준별로 그 역할이 다르다는 것을 알 수 있다. 따라서 이 책에서 논의한 국가경쟁력의 개념과 측정 및 활용 방법은 단지 국가경쟁력에 국한된 것이 아니라 모든 수준의 경쟁력을 포괄적으로 분석할 수 있는 방법론이라 할 수 있다.

국가경쟁력의 이론과 실제

우리는 지금까지 국가경쟁력의 이론과 실제에 대해 살펴봤다. 이 책의 도입 부분에서 논의한 혼란스러운 이야기를 기억하는가? 너무나 친숙하게 접해 왔던 개념이라 당연히 알고 있을 것이라 생각했던 국가경쟁력은 누구의 말을 믿어야 할지 알기 어려웠고, 널뛰고 있는 국가경쟁력을 바라볼 때면 암담함이 더해만 갔다. 국가경쟁력에 대한 혼란을 해결하지 못한 채 국가경쟁력을 발전시켜 국민의 생활 수준을 높이려 하는 모든 행동은 가식과 허상에 불가한 것이다.

국가경쟁력을 실질적으로 향상시키기 위해서는 우선 국가경쟁력의 개념을 올바로 이해하고 측정, 활용해야 한다. 이에 이 책에서는 국가경쟁력의 이론을 고찰하고 국가경쟁력을 평가하는 방법을 살펴봤다.

이론편에서는 국가경쟁력의 본질을 전통 경제학의 관점에서부터 시작해 Porter의 다이아몬드 모델을 거쳐 그 확장 모델에 이르는 일련의 이론적 발전 과정을 살펴봤다. 실제편에서는 이론편을 통해 도출한 국가경쟁력의 개념을 바탕으로 기존 보고서를 평가해 보고 올바른 평가에 필요한 자질을 갖춘 새로운 보고서를 통해 국가경쟁력을 실질적으로 '측정-분석-시뮬레이션-실행' 하는 종합적인 방법론을 살펴봤다. 그리고 국가경쟁력을 평가하는 방법론은 국가의 수준뿐 아니라 기업, 산업, 국가, 블록, 세계 수준의 경쟁력을 분석하는데 범용적으로 사용할 수 있는 것임을 확인했다.

이제 남은 것은 실천이다. 이 책에서 제시한 국가경쟁력 개념과 평가 방법을 통해 독자들은 자신의 역할에 적합한 전략을 도출하고 이를 실천해야 한다. 각계각층의 사람들이 자신의 위치에서 국가경쟁력에 대한 올바른 이해를 바탕으로 경쟁력 향상을 위한 노력을 경주할 때 한국의 국가경쟁력은 발전할 수 있다.

국가경쟁력에 대한 공감대와 공용 언어 구사 능력을 바탕으로 우리 조국 대한민국이 세계 220여 국가 중 국가경쟁력 1위를 차지할 수 있는 전략을 함께 만들자. 그리고 함께 만든 전략을 철저하게 실천해서 국가경쟁력 1위라는 영광을 우리 후손에게 넘겨주도록 하자.

■ 참고문헌

김학기, 2004, '한국과 일본의 대 BRICs 경제협력 비교와 시사점', KIET 산업경제 , 제75호, 45-59.

문휘창·김민영, 2006, '한국과 BRICs의 협력과 경쟁', Working paper , 국제통상연구, forthcoming.

신현준, 2006, '국가신용등급 분석을 통한 BRICs 경제 진단', KIEP 세계경제 , 제8권 4호, 110-122.

조동성, 1994, 국가경쟁력 : 선진국으로 가는 지름길 , 매일경제신문사: 서울.

주동주, 2004, 'BRICs와의 경협, 지역허브 구축을 통한 시장 다변화가 과제', e-kiet 산업경제정보 , 제233호.

Battat, J. and Aykut, D., 2006, 'A Growing Phenomenon', *Proceedings of Southern Multinationals: A Rising Force in The World Economy*, 9-10 November 2005, Mumbai, India.

Business Line, 2005, 'Global Economy will be Built by BRICs' (January 12).

BusinessWeek, 2005, 'Not All BRICs are Created Equal' (January 24).

Cartwright, W. R., 1993, 'Multiple Linked Diamonds : New Zealand's Experience', *Management International Review*, 33(2) : 55-70.

Cho, D. S., 1994, 'A Dynamic Approach to International Competitiveness:

The Case of Korea', *Journal of Far Eastern Business*, 1(1) : 17–36.

Cho, D. S., 1995, 'SER–M: A New Paradigm in Strategy Theory', *Strategic Management Society*, Mexico City.

Cho, D. S. and Lee, D. H., 1998, 'A New Paradigm in Strategy Theory: 'ser–M'', *Monash Mt. Eliza Business Review*, 1(2) : 130–154.

Cho, D. S., 1998, 'From National Competitiveness to Bloc and Global Competitiveness', *Competitiveness Review*, 8(1) : 11–23.

Cho, D. S. and Cui, Q., 2000, 'Dynamic Analysis of the SER–M Paradigm Based on the Quadratic Vector Analysis Model', *Proceedings of Academy of International Business*, Phoenix.

Cho, D. S. and Moon, H. C., 2000, *From Adam Smith to Michael Porter*, World Scientific: Singapore.

Cho, D. S. and Moon, H. C., 2005, *Malaysia's Competitiveness: Current Status and Policies for the Next Stage*, Malaysian government consulting report.

Cho, D. S., Moon, H. C., and Kim, M. Y., 2006, 'Competitive Strategy to Enhance National Competitiveness', *Proceeding of AIB 2006 Meeting in Beijing*, Beijing, China.

Cohen, S. S., 1994, 'Speaking Freely', *Foreign Affairs*, 73(4) : 194–197.

Dialogue, 1992, 'Canada at the Crossroads', *Business Quarterly* (Winter, Spring, and Summer).

Dunning, J. H., 1993, 'Internationalizing Porter's Diamond', *Management International Review*, 33(2) : 7–15.

Dunning, J. H., 2003, 'The Role of Foreign Direct Investment in Upgrading China's Competitiveness', *Journal of International Business and Economy*, 4(1) : 1–13.

Financial Times, 2003a, 'Equities: The Attractions of the Four BRICs' (October 25).

Financial Times, 2003b, 'Why the G7 must soon make Way for the 'Brics'' (October 7).

Financial Times, 2004, 'How Solid are the BRICs? Emerging Markets' (February 7).

Goldman Sachs, 2003, 'Dreaming With BRICs: The Path to 2050', *Global Economics*, Paper No : 99.

Goldman Sachs, 2004, 'The BRICs and Global Markets: Crude, Cars and Capital', *Global Economics Weekly*, 04(36) : 1-5.

Hodgetts, R. M., 1993, 'Porter's Diamond Framework in a Mexican Context', *Management International Review*, 33(2) : 41-54.

IMD, 1994-2005, *The World Competitiveness Yearbook*, Various issues, Lausanne, Switzerland.

IPS, 2005, *IPS National Competitiveness Research 2005 Report*, Seoul, Korea.

KOTRA, 2004, '수출 '엘도라도' BRICs를 잡아라', 기획조사 04-07, KOTRA.

Krugman, P., 1994, 'Competitiveness: A Dangerous Obsession', *Foreign Affairs*, 73(2) : 28-44.

Leontief, W., 1953, 'Domestic Production and Foreign Trade : The American Capital Position Re-Examined', *Proceedings of the American Philosophical Society*, 97 : 331-349. Reprinted in Richard Caves and Harry Johnson, editors, *Readings in International Economics* (Homewood, Illinois: Richard D. Irwin, Inc., 1968).

Moon, H. C., 1994, 'A Revised Framework of Global Strategy : Extending the Coordination-Configuration Framework', *The International Executive*, 36(5) : 557-574.

Moon, H. C. and Lee, K. C., 1995, 'Testing the Diamond Model : Competitiveness of U.S. Software Firms', *Journal of International Management*, 1(4) : 373-387.

Moon, H. C., Rugman, A. M., and Verbeke, A., 1995, 'The Generalized Double Diamond Approach to International Competitiveness' in Alan Rugman (editor), *Research in Global Strategic Management*, 5 : 97-114,

JAI Press : Greenwich.

Moon, H. C., Rugman, A. M., and Verbeke, A., 1998, 'The Generalized Double Diamond Approach to Global Competitiveness of Korea and Singapore', *International Business Review*, 7 : 135–150.

Moon, H. C. and Roehl, T., 2001, 'Unconventional Foreign Direct Investment and the Imbalance Theory', *International Business Review*, 10(2) : 197–215.

Moon, H. C., Rugman, A. M., and Verbeke, A., 2001, 'A Generalized Double Diamond Approach to the Global Competitiveness of Korea and Singapore', in Daniel Van Den Bulcke and Alain Verbeke(editors), *Globalization and the Smalll Open Economy*, Edward Elgar : Cheltenham, UK and Northampton, MA, USA.

Moon, H. C. and Kim, M. Y., 2005, 'How to Evaluate National Competitiveness', *Proceedings of The 3ʳᵈ IPS–Nankai University International Seminar on Evaluation*, Nankai University, Tianjin, China, September 17–18, 2005.

New York Times, 1992, 'Economic Analyst Says U.S. Needs Long–Term Investments' (September 7).

Porter, M. E., 1980, *Competitive Strategy: Techniques for Analyzing Industries and Companies*, Free Press : New York.

Porter, M. E., 1986, 'Competition in Global Industries : A Conceptual Framework', In Michael E. Porter (editor), *Competition in Global Industries*, Harvard Business School Press : Boston.

Porter, M. E., 1990a, *The Competitive Advantage of Nations*, Free Press : New York.

Porter, M. E., 1990b, 'The Competitive Advantage of Nations', *Harvard Business Review*, March–April : 73–93.

Porter, M. E. and the Monitor Company, 1991, *Canada at the Crossroads: The Reality of a New Competitive Environment*, Business Council on

National Issues and Minister of Supply and Services of the Government of Canada : Ottawa.

Porter, M. E. and Armstrong, J., 1992, 'Canada at the Crossroads : Dialogue', *Business Quarterly*, Spring : 6–10.

Porter, M. E., 1996, 'What Is Strategy?', *Harvard Business Review*, 74(6) : 61–78.

Porter, M. E., 1998, *On Competition*, Harvard Business School Press: Boston.

Porter, M. E., Takeuchi, H., and Sakakibara, M., 2000, *Can Japan Compete?*, Basic Books/Perseus Pub.: Cambridge, MA.

Porter, M. E., 2003, *Malaysia's Competitiveness: Moving to the Next Stage*, Kuala Lumpur, Malaysia(Presentation slides).

Prestowitz, C. V., 1994, 'Playing to win', *Foreign Affairs*, 73(4) : 186–189.

Rugman, A. M., 1991, 'Diamond in the Rough', *Business Quarterly*, Winter : 61–64.

Rugman, A. M., 1993, 'Guest Editor's Introduction', *Management International Review*, 33(2) : 5–6.

Rugman, A. M and D'Cruz, J. R., 1993, 'The "Double Diamond" Model of International Competitiveness : The Canadian Experience', *Management International Review*, 33(2) : 17–39.

Ryan, R., 1990, 'A Grand Disunity', *National Review*, July 9 : 46–47.

Smith, A., 1937(1776), 'An Inquiry into the Nature and Causes of the Wealth of Nations', In Charles W. Eliot (editor), *The Harvard Classics*. P. F. Collier & Son Corporation : New York.

Thain, D. H., 1990, 'The War without Bullets', *Business Quarterly*, Summer : 13–19.

Thurow, L. C., 1994, 'Microchips, not Potato Chips', *Foreign Affairs*, 73(4) : 189–192.

Vernon, R., 1966, 'International Investments and International Trade in the

Product Cycle', *Quarterly Journal of Economics*, May : 190—207.

WEF, 1996—2005, *The Global Competitiveness Report*, Various issues, Geneva, Switzerland.

국가경쟁력 이론과 실제

지은이 | 조동성 · 문휘창
펴낸이 | 김경태
펴낸곳 | 한국경제신문 한경BP

제1판 1쇄 인쇄 | 2006년 6월 25일
제1판 1쇄 발행 | 2006년 6월 30일

주소 | 서울특별시 중구 중림동 441
기획출판팀 | 3604-553~6
영업마케팅팀 | 3604-561~2, 595 FAX | 3604-599
홈페이지 | http://bp.hankyung.com
전자우편 | bp@hankyung.com
등록 | 제 2-315(1967. 5. 15)

ISBN 89-475-2570-7
값 12,000원